JN394209

CURSO DE ESPAÑOL

Intermedio 2

다락원

Prólogo

En la actualidad, gracias a la creciente presencia del español y los países hispanohablantes en diversos medios de comunicación, se ha incrementado considerablemente el interés por dicho idioma y estas naciones. Por consiguiente, en Corea existe una creciente demanda de libros de texto con los que los estudiantes puedan aprender español de una manera natural y divertida.

La serie *CURSO DE ESPAÑOL* es el resultado del análisis contrastivo de las ventajas y desventajas de varios manuales de español por parte de profesores con amplia experiencia docente en educación reglada. Esta es una serie de libros de texto que ha sido diseñada sistemáticamente para ayudar a los estudiantes coreanos a que alcancen una competencia lingüística básica que les permita desenvolverse eficazmente en situaciones cotidianas.

Cada unidad está dividida en tres partes. La primera, <TEMAS Y ACTIVIDADES>, permite a los alumnos interactuar entre sí para alcanzar una serie de objetivos comunicativos a través de actividades en las que deberán poner en práctica una o varias de las cuatro destrezas (expresión oral, comprensión auditiva, comprensión lectora y expresión escrita). La segunda, <VOCABULARIO Y EXPRESIONES>, permite a los alumnos ampliar su vocabulario y repasar las expresiones de la unidad. Por último, en <GRAMÁTICA Y EJERCICIOS> se explican los principales contenidos gramaticales de cada unidad en coreano para que los estudiantes puedan asimilarlos con mayor facilidad.

Esperamos que este manual sea una guía útil para los estudiantes coreanos que deseen comunicarse con personas de otros países que estén aprendiendo español como lengua extranjera, así como con hablantes nativos de cualquier país donde se habla español.

Finalmente, nos gustaría expresar nuestro más sincero agradecimiento al profesor Roberto Vega Labanda por su meticulosa revisión del manuscrito y a la profesora Verónica López Medina y al profesor Miguel Kim por su excelente grabación de los textos. También nos gustaría darle las gracias a la editorial Darakwon por haber llevado a cabo una edición impecable de gran atractivo visual.

Los autores

머리말

최근 다양한 매체를 통해 스페인어 및 스페인어권 국가들에 대한 노출이 증가하면서 스페인어뿐만 아니라 스페인어권 국가에 대한 문화적인 관심도 부쩍 늘었습니다. 이러한 추세에 따라 스페인어 학원 및 대학 기관 내에서는 한국인 학습자들의 눈높이에 맞춰서 회화와 문법을 동시에 익혀 입과 귀가 트일 수 있는 교재에 대한 요구가 높아지고 있습니다.

CURSO DE ESPAÑOL 시리즈는 실제 교육 현장에서 다년간 스페인어를 강의한 교수자들이 모여 기존 국내외 스페인어 교재들의 장단점을 분석하여 내용을 선별한 결과물입니다. 한국인 학습자들이 스페인어의 문법과 구조를 익히고 다양한 어휘 및 표현을 사용하여 실제 회화 상황에 활용할 수 있도록 구성한 체계적인 코스북 시리즈입니다.

각 과는 크게 세 부분으로 구분되는데 첫 번째로 <TEMAS Y ACTIVIDADES>에서는 주제별 말하기, 듣기, 읽기, 쓰기 활동을 통해 학습자들이 상호작용할 수 있도록 하였습니다. 두 번째로 <VOCABULARIO Y EXPRESIONES>는 학습자들이 앞서 나온 어휘나 표현을 주제에 따라 다시 한 번 확인하고 익힐 수 있도록 하였습니다. 마지막으로 <GRAMÁTICA Y EJERCICIOS>에서는 각 과의 필수 문법 내용을 한국인 학습자들이 쉽게 파악할 수 있도록 한국어로 설명하였고 다양한 연습 문제를 통해 이해를 강화할 수 있도록 하였습니다.

이 책이 스페인어를 사용하는 20여 개국의 원어민뿐만 아니라 제2 외국어로 스페인어를 배우는 다른 나라 사람들과 스페인어로 소통하고 그 문화권을 더 이해하고자 하는 한국인 학습자들이 쉽고 재미있게 스페인어를 배울 수 있게 하는 길잡이가 되기를 바랍니다.

끝으로 스페인어 감수에 도움을 주신 Roberto 교수님, 녹음에 도움을 주신 Miguel 선생님과 Verónica 선생님께 깊은 감사를 드립니다. 또한, *CURSO DE ESPAÑOL* 시리즈 출간에 적극적으로 응해 주신 다락원의 정규도 사장님과 교재의 활용도를 높일 수 있는 알찬 구성과 짜임새 있는 편집으로 이 책의 완성도를 높여 주신 다락원 편집진께 깊이 감사드립니다.

저자 일동

Notas aclaratorias

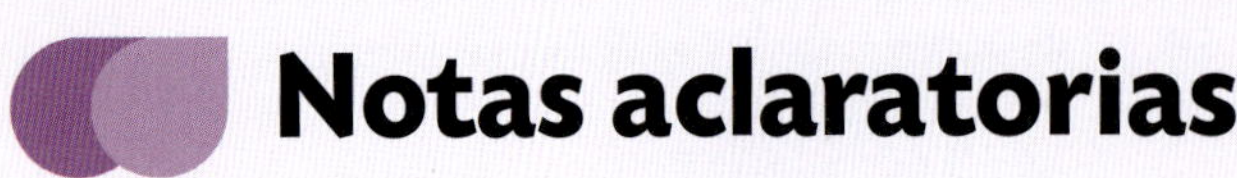

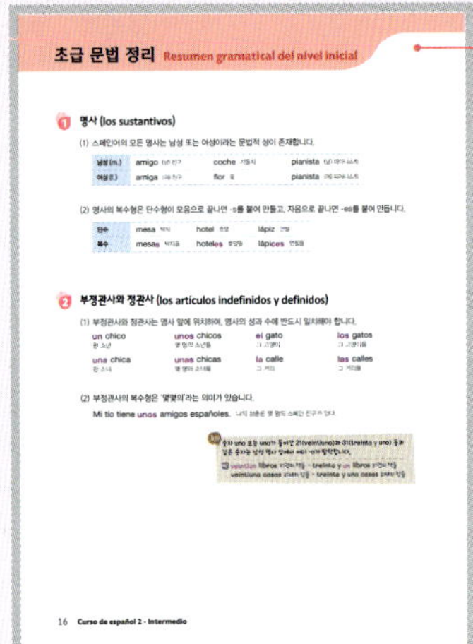

초급 문법 정리 Resumen gramatical del nivel inicial

1 명사 (los sustantivos)

(1) 스페인어의 모든 명사는 남성 또는 여성이라는 문법적 성이 존재합니다.

남성(m.)	amigo	coche	pianista
여성(f.)	amiga	flor	pianista

(2) 명사의 복수형은 단수형이 모음으로 끝나면 -s를 붙여 만들고, 자음으로 끝나면 -es를 붙여 만듭니다.

단수	mesa	hotel	lápiz
복수	mesas	hoteles	lápices

2 부정관사와 정관사 (los artículos indefinidos y definidos)

(1) 부정관사와 정관사는 명사 앞에 위치하며, 명사의 성과 수에 반드시 일치해야 합니다.

un chico — unos chicos — el gato — los gatos

una chica — unas chicas — la calle — las calles

(2) 부정관사의 복수형은 '몇몇의'라는 의미가 있습니다.

Mi tío tiene unos amigos españoles.

16 Curso de español 2 - Intermedio

Antes de empezar

Se trata de un resumen del contenido gramatical de *Curso de español 1* para ayudar a los estudiantes a recordar los temas gramaticales más importantes tratados en el primer libro de esta colección.

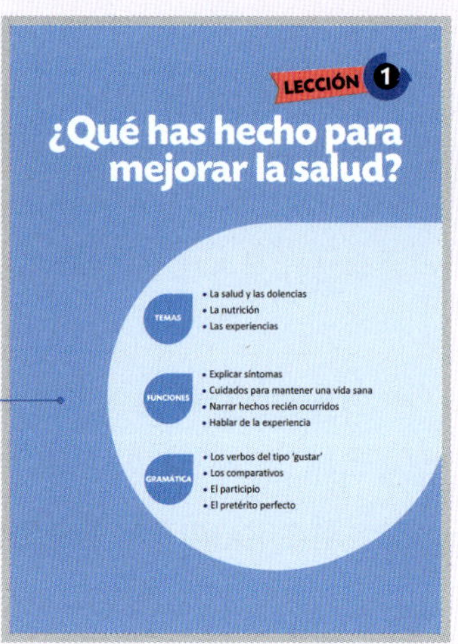

LECCIÓN 1

¿Qué has hecho para mejorar la salud?

TEMAS
- La salud y las dolencias
- La nutrición
- Las experiencias

FUNCIONES
- Explicar síntomas
- Cuidados para mantener una vida sana
- Narrar hechos recién ocurridos
- Hablar de la experiencia

GRAMÁTICA
- Los verbos del tipo 'gustar'
- Los comparativos
- El participio
- El pretérito perfecto

Presentación de la lección

Presenta los contenidos que se van a tratar en cada lección.

TEMAS Y ACTIVIDADES

Los diálogos introductorios y el vocabulario de cada lección van acompañados de imágenes que buscan motivar a los estudiantes y ayudarlos a comprender los temas y ponerlos en práctica.

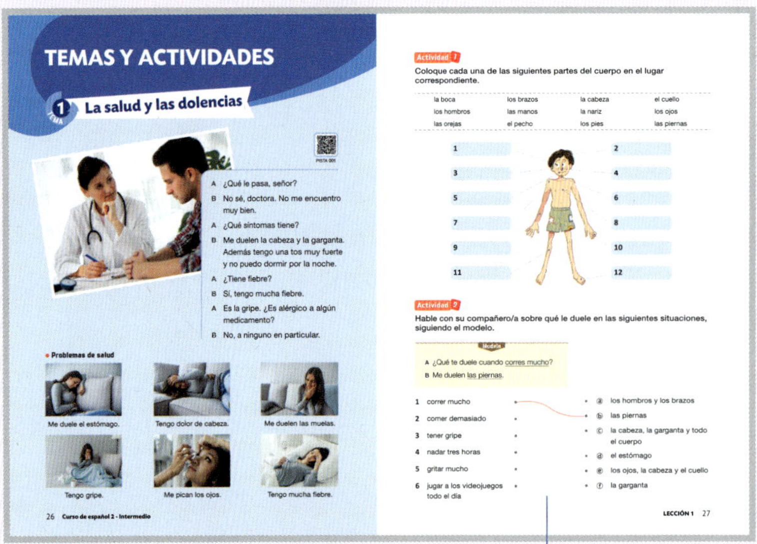

TEMAS Y ACTIVIDADES

1 La salud y las dolencias

A ¿Qué le pasa, señor?
B No sé, doctora. No me encuentro muy bien.
A ¿Qué síntomas tiene?
B Me duelen la cabeza y la garganta. Además tengo una tos muy fuerte y no puedo dormir por la noche.
A ¿Tiene fiebre?
B Sí, tengo mucha fiebre.
A Es la gripe. ¿Es alérgico a algún medicamento?
B No, a ninguno en particular.

• Problemas de salud

Me duele el estómago. — Tengo dolor de cabeza. — Me duelen las muelas.

Tengo gripe. — Me pican los ojos. — Tengo mucha fiebre.

26 Curso de español 2 - Intermedio

Actividad 1

Coloque cada una de las siguientes partes del cuerpo en el lugar correspondiente.

la boca	los brazos	la cabeza	el cuello
los hombros	las manos	la nariz	los ojos
las orejas	el pecho	los pies	las piernas

Actividad 2

Hable con su compañero/a sobre qué le duele en las siguientes situaciones, siguiendo el modelo.

Modelo
A ¿Qué te duele cuando corres mucho?
B Me duelen las piernas.

1 correr mucho
2 comer demasiado
3 tener gripe
4 nadar tres horas
5 gritar mucho
6 jugar a los videojuegos todo el día

ⓐ los hombros y los brazos
ⓑ las piernas
ⓒ la cabeza, la garganta y todo el cuerpo
ⓓ el estómago
ⓔ los ojos, la cabeza y el cuello
ⓕ la garganta

LECCIÓN 1 27

De esta manera, los alumnos pueden mejorar su español en las cuatro destrezas (expresión oral, expresión escrita, comprensión auditiva y comprensión lectora) por medio de diversas actividades.

VOCABULARIO Y EXPRESIONES

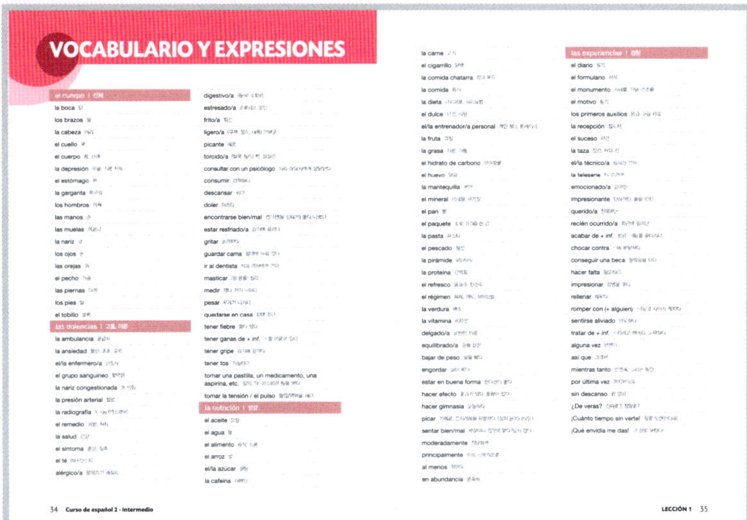

El vocabulario y las expresiones de cada lección están ordenados según su categoría temática para que los alumnos puedan prepararse para la clase antes o después de ella.

GRAMÁTICA Y EJERCICIOS

Se explican los principales contenidos gramaticales de cada lección de la forma más simple posible. Los alumnos pueden evaluar su nivel de aprovechamiento directamente a través de los ejercicios que se ofrecen.

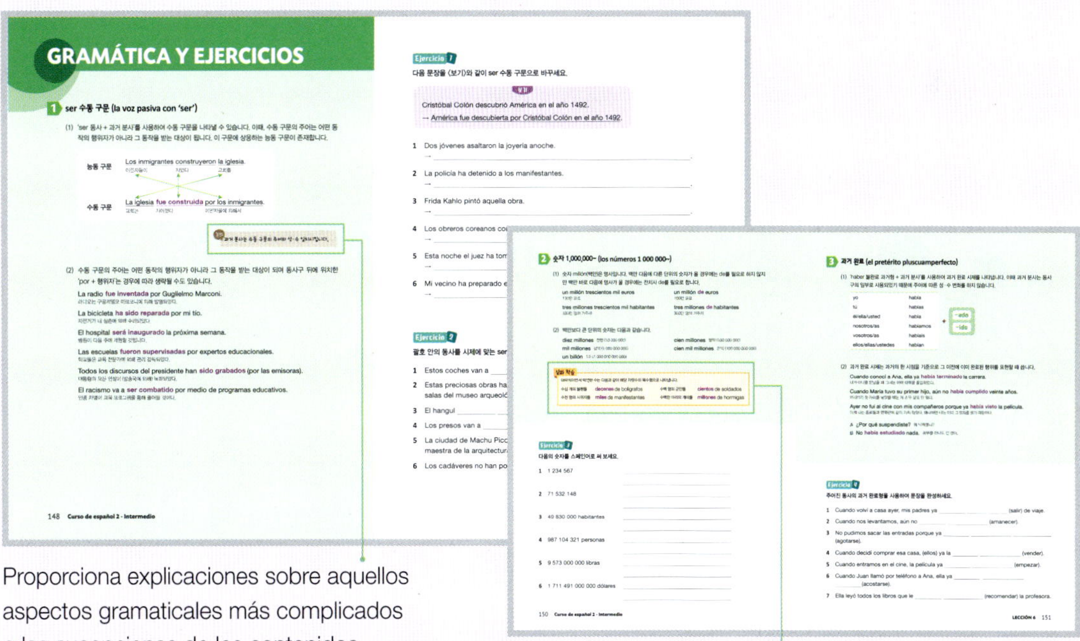

Proporciona explicaciones sobre aquellos aspectos gramaticales más complicados o las excepciones de los contenidos explicados, para que los alumnos puedan expresarse con mayor exactitud.

Ofrece una explicación adicional o información más detallada sobre el contenido gramatical explicado.

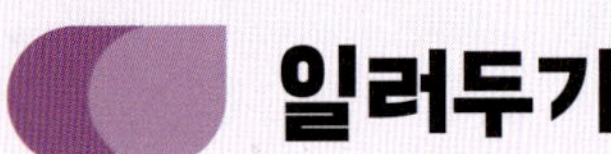

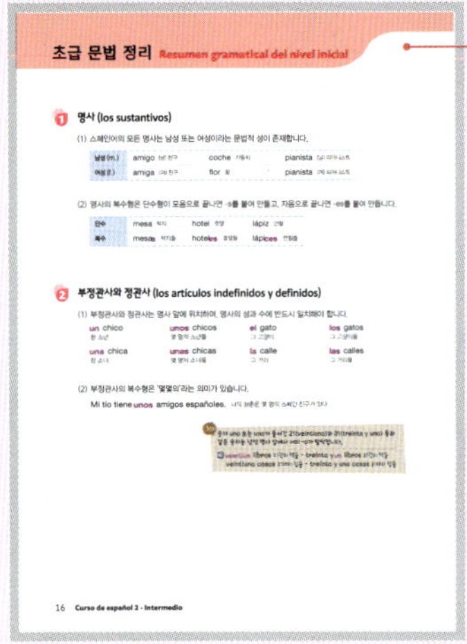

예비과

본격적으로 Curso de español 2를 학습하기에 앞서, 이전 초급 난이도의 내용을 복습하기 위해 Curso de español 1의 문법 내용에 대해 정리하였습니다.

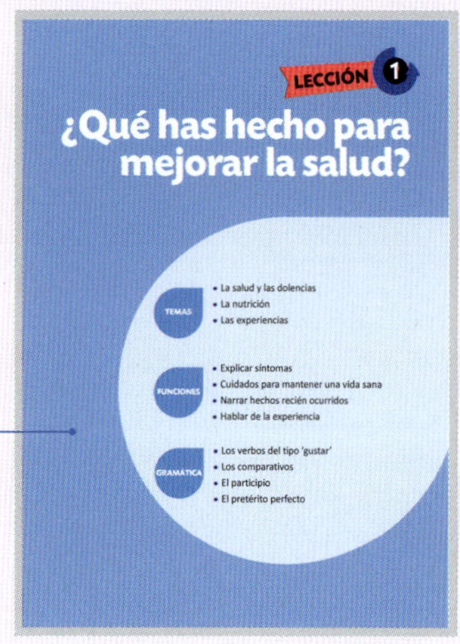

단원 도입

해당 단원의 주제 및 학습 내용, 문법 사항을 제시합니다.

TEMAS Y ACTIVIDADES

각 테마별 주제가 담긴 도입 대화 및 관련 어휘를 이미지와 함께 제시함으로써 학습 내용을 쉽고 재미있게 파악할 수 있습니다.

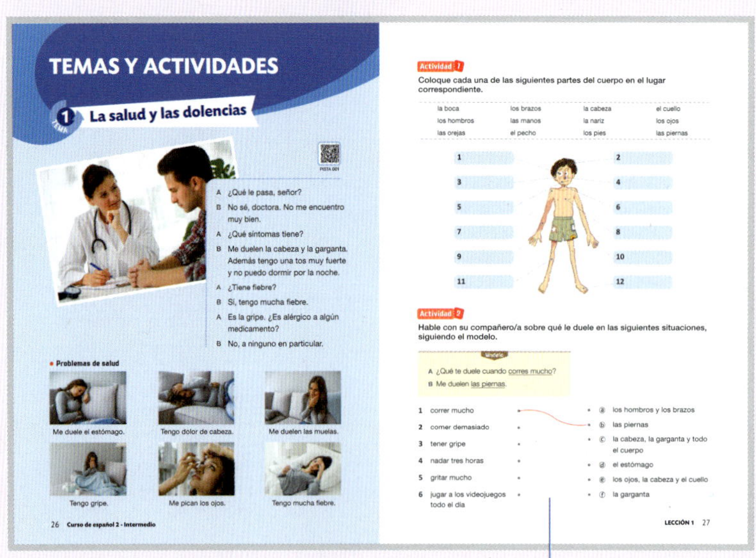

주제에 맞는 다양한 활동을 해 봄으로써 학습자는 듣기, 말하기, 읽기, 쓰기 능력을 향상시킬 수 있습니다.

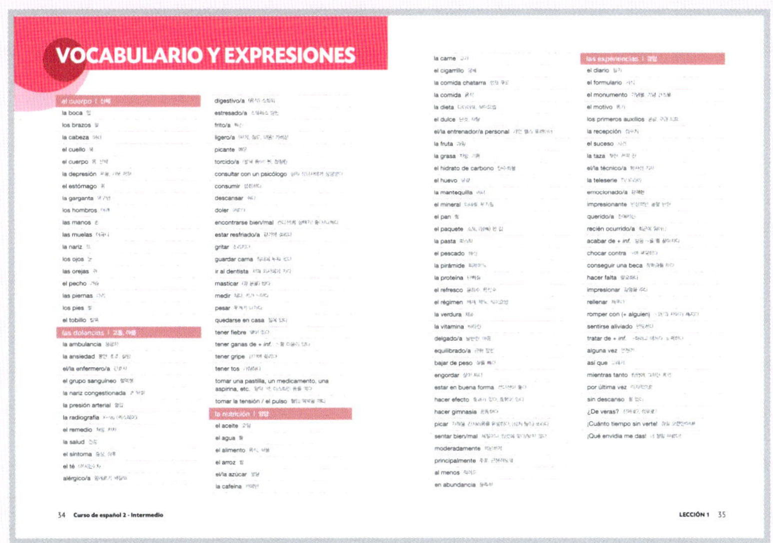

VOCABULARIO Y EXPRESIONES

단원별로 어휘 및 표현을 정리하여 학습자들이 앞에서 배운 어휘들을 수업 전에 미리 공부하거나 수업 후에 복습할 수 있도록 주제별로 분류하여 제시하였습니다.

GRAMÁTICA Y EJERCICIOS

단원별 핵심 문법 내용을 학습자들이 최대한 간단명료하게 파악할 수 있도록 정리하였고, 연습 문제를 통해 학습한 내용을 바로 적용해 볼 수 있도록 하였습니다.

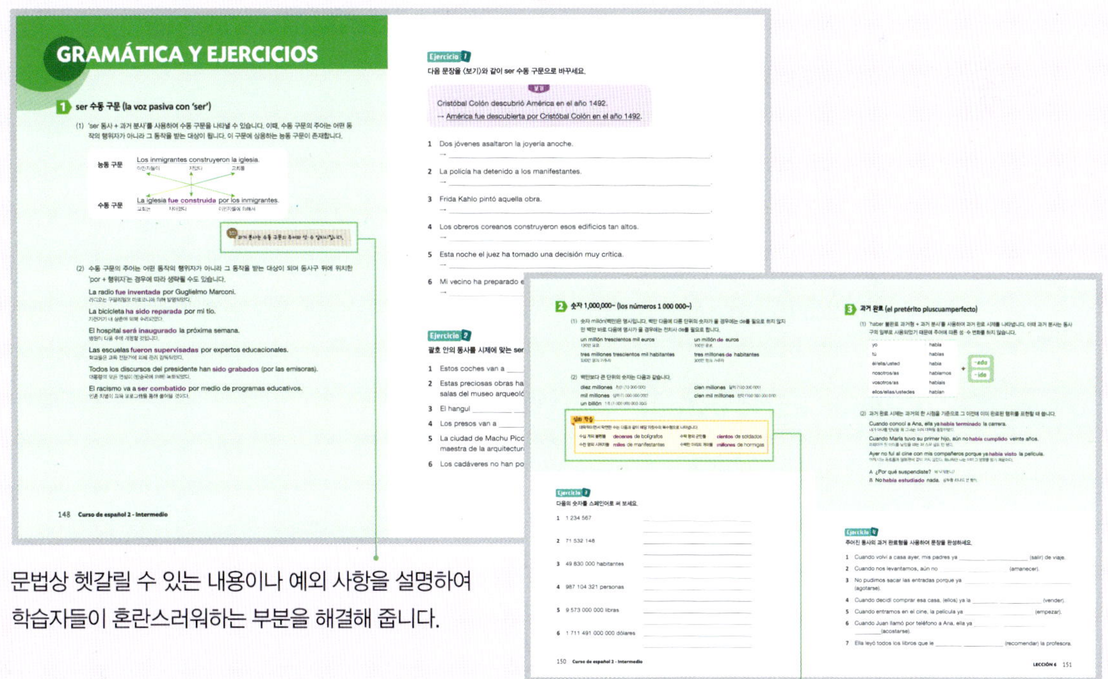

문법상 헷갈릴 수 있는 내용이나 예외 사항을 설명하여 학습자들이 혼란스러워하는 부분을 해결해 줍니다.

해당 문법 내용과 관련된 추가 설명이나 정보를 주기 위한 항목입니다.

Índice

Tabla de contenidos

		TEMAS	FUNCIONES	GRAMÁTICA
1	**¿Qué has hecho para mejorar la salud?**	• La salud y las dolencias • La nutrición • Las experiencias	• Explicar síntomas • Cuidados para mantener una vida sana • Narrar hechos recién ocurridos • Hablar de la experiencia	• Los verbos del tipo 'gustar' • Los comparativos • El participio • El pretérito perfecto
2	**¿Qué estás haciendo ahora?**	• Acciones en progreso • Las amistades • Las recetas	• Describir el momento de hablar • Hablar por teléfono • Escribir una carta informal • Leer la receta	• El gerundio • 'estar' + gerundio • Los tipos de pronombres de complemento • El 'se' pasivo y el 'se' impersonal
3	**¿Qué hiciste ayer?**	• Acciones pasadas • Los momentos especiales • Los mejores del mundo	• Hablar de las acciones pasadas • Narrar las acciones acabadas en orden • Contar la historia personal • Hablar de los mejores del mundo	• El pretérito indefinido I • Los exclamativos • Los superlativos • 'por' vs. 'para'
4	**¿Cuándo nació usted?**	• La biografía y el currículum vitae • Un recuerdo inolvidable • Los hechos históricos	• Narrar la vida de una persona • Hablar de sucesos o eventos importantes en mi vida • Hablar de hechos históricos de los personajes famosos	• El pretérito indefinido II • 'hace' + tiempo + 'que' + pretérito / presente • El pretérito indefinido vs. el pretérito perfecto • El superlativo absoluto '-ísimo'

		TEMAS	FUNCIONES	GRAMÁTICA
5	**¿Qué hacías cuando eras niña?**	• La niñez • La juventud • La narración	• Recordar los días pasados • Describir la situación pasada • Narrar el cuento	• El pretérito imperfecto • El pasado en progreso • El pretérito indefinido vs. el pretérito imperfecto • Los posesivos pospuestos
6	**Esta ciudad fue construida por los incas**	• El turismo • La economía • Las noticias	• Hablar de los lugares turísticos • Abrir la cuenta y cambiar moneda • Dar la noticia a otra persona • Hablar de una acción pasada anterior a otra acción del pasado	• La voz pasiva con 'ser' • Los números 1 000 000~ • El pretérito pluscuamperfecto • El repaso de los tiempos pasados: el pretérito indefinido, el pretérito imperfecto y el pretérito pluscuamperfecto
7	**¿Cómo será el mundo en el futuro?**	• Los planes de futuro • Las predicciones sobre el mundo futuro • La entrevista del trabajo	• Hablar de los planes • Adivinar y conjeturar los futuros cambios • Dar opiniones sobre las situaciones hipotéticas	• El futuro simple • El condicional • Los pronombres con preposición
8	**Reciclen el aluminio, el vidrio y el plástico**	• El medioambiente • Los problemas y sus soluciones • Los problemas ecológicos	• Discutir de los problemas ecológicos • Hablar de las molestias y preocupaciones personales • Dar mandatos a varias personas	• El imperativo de 'usted/ustedes' • El imperativo de 'tú' • El imperativo de 'vosotros/as' • La posición de los pronombres de complemento

내용 구성표

		주제	기능	문법
1	건강을 증진하기 위해 넌 무엇을 해 봤니?	• 건강과 질병 • 영양 • 경험	• 증상 설명하기 • 건강한 삶을 유지하기 위해 해야 할 일 • 최근에 일어난 일 이야기하기 • 경험에 대해 말하기	• gustar류 동사 • 비교급 • 과거 분사 • 현재 완료
2	너 지금 뭐 하는 중이니?	• 진행 중인 일 • 친분 • 요리법	• 말하고 있는 상황에 대해 묘사하기 • 전화 대화 • 비공식적인 편지 쓰기 • 요리법	• 현재 분사 • 현재 진행 • 목적격 대명사의 종류 • 수동의 se와 무인칭의 se
3	어제 너는 뭐 했니?	• 과거에 일어난 일 • 특별한 순간들 • 세계에서 최고	• 과거에 일어난 일에 대해 말하기 • 과거의 일을 순서대로 이야기하기 • 개인사에 대해 말하기 • 최고에 대해서 말하기	• 완료 과거 I • 감탄사 • 최상급 • por와 para
4	당신은 언제 태어났나요?	• 일대기와 이력서 • 잊을 수 없는 추억 • 역사적 사건	• 한 사람의 일생에 대해 이야기하기 • 내 인생의 중요한 사건이나 행사에 대해 이야기하기 • 유명인들의 역사적 사건에 대해 이야기하기	• 완료 과거 II • 'hace + 시간 + que'를 활용한 표현 • 완료 과거와 현재 완료의 비교 • 절대 최상급 -ísimo

		주제	기능	문법
5	너는 어렸을 때 무엇을 하곤 했니?	• 유년 시절 • 젊은 시절 • 이야기 들려주기	• 지난날을 회상하기 • 과거 상황 묘사하기 • 이야기 서술하기	• 불완료 과거 • 과거 진행 • 완료 과거와 불완료 과거의 비교 • 후치형 소유사
6	이 도시는 잉카인들에 의해 건설되었어요.	• 관광 • 경제 • 뉴스	• 관광지에 대해 이야기하기 • 은행 계좌 열기, 환전하기 • 다른 사람에게 뉴스 전달하기 • 과거 일어난 사건보다 더 먼저 일어난 사건 서술하기	• ser 수동 구문 • 숫자 1,000,000~ • 과거 완료 • 과거 관련 시제 정리: 완료 과거, 불완료 과거, 과거 완료
7	미래에는 세상이 어떤 모습일까?	• 미래에 대한 계획 • 미래 세계에 대한 예견 • 직장 인터뷰	• 계획에 대해 말하기 • 미래에 일어날 변화에 대해 추측하기 • 가정 상황에 대한 의견을 표현하기	• 단순 미래 • 가정 미래 • 전치격 대명사
8	알루미늄, 유리, 플라스틱을 재활용하세요.	• 환경 • 문제점과 그 해결책 • 환경 생태 문제	• 환경 생태 문제에 대해 토론하기 • 개인적인 불편과 걱정에 대해 이야기하기 • 다양한 사람에게 명령하기	• usted/ustedes에 대한 명령형 • tú에 대한 명령형 • vosotros/as에 대한 명령형 • 명령문에서 대명사 위치

| 예비과 |

Antes de empezar

초급 문법 정리 Resumen gramatical del nivel inicial

1 명사 (los sustantivos)

(1) 스페인어의 모든 명사는 남성 또는 여성이라는 문법적 성이 존재합니다.

남성 (m.)	amigo (남) 친구	coche 자동차	pianista (남) 피아니스트
여성 (f.)	amiga (여) 친구	flor 꽃	pianista (여) 피아니스트

(2) 명사의 복수형은 단수형이 모음으로 끝나면 -s를 붙여 만들고, 자음으로 끝나면 -es를 붙여 만듭니다.

단수	mesa 탁자	hotel 호텔	lápiz 연필
복수	mesa**s** 탁자들	hotel**es** 호텔들	lápi**ces** 연필들

2 부정관사와 정관사 (los artículos indefinidos y definidos)

(1) 부정관사와 정관사는 명사 앞에 위치하며, 명사의 성과 수에 반드시 일치해야 합니다.

un chico
한 소년

unos chicos
몇 명의 소년들

el gato
그 고양이

los gatos
그 고양이들

una chica
한 소녀

unas chicas
몇 명의 소녀들

la calle
그 거리

las calles
그 거리들

(2) 부정관사의 복수형은 '몇몇의'라는 의미가 있습니다.

Mi tío tiene **unos** amigos españoles. 나의 삼촌은 몇 명의 스페인 친구가 있다.

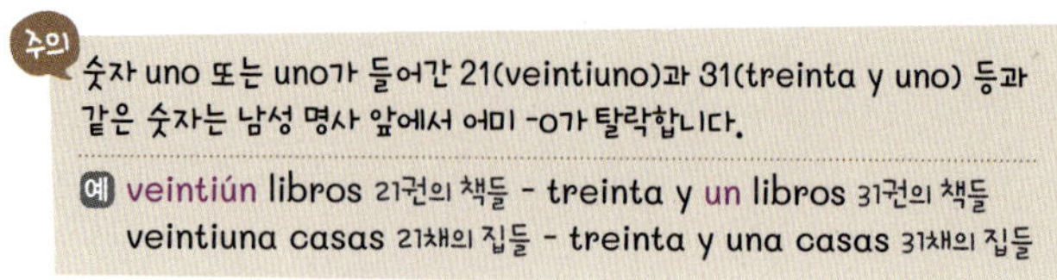
주의
숫자 uno 또는 uno가 들어간 21(veintiuno)과 31(treinta y uno) 등과 같은 숫자는 남성 명사 앞에서 어미 -o가 탈락합니다.

예 **veintiún** libros 21권의 책들 - treinta y **un** libros 31권의 책들
veintiuna casas 21채의 집들 - treinta y una casas 31채의 집들

3 형용사 (los adjetivos)

(1) 스페인어에서 형용사는 수식하는 명사의 성과 수에 맞게 형태가 변화합니다. 단, 자음이나 -o 이외의 모음으로 끝난 경우에는 수에 따라서만 형태가 변화합니다.

남성 (m.)	bonito 예쁜	corto 짧은	interesante 재밌는	difícil 어려운
여성 (f.)	bonita	corta	interesante	difícil

el coche **bonito** 예쁜 자동차 → los coches **bonitos** 예쁜 자동차들
la falda **corta** 짧은 치마 → las faldas **cortas** 짧은 치마들
la clase **interesante** 재밌는 수업 → las clases **interesantes** 재밌는 수업들

(2) 형용사가 ser/estar 동사의 보어의 위치에 올 때 주어의 성·수에 일치해야 합니다.

Los profesores de Inglés no **son** estadounidenses. 영어과 교수님들은 미국인이 아닙니다.
Juana **está** contenta y alegre. 후아나는 만족하고 즐거워한다.

4 소유사, 지시사, 서수 (los posesivos, los demostrativos y los números ordinales)

(1) 소유사는 '(누구)의'라는 의미로 명사 앞에 위치하며 해당 명사의 소유자를 나타낼 때 씁니다. 수식하는 명사와 항상 수를 일치시켜야 하며, nuestro와 vuestro의 경우는 명사에 성·수 일치합니다.

	소유 형용사					
	단수			복수		
1인칭	mi	mis	나의	nuestro/a	nuestros/as	우리의
2인칭	tu	tus	너의	vuestro/a	vuestros/as	너희의
3인칭	su	sus	그의 그녀의 당신의 그것의	su	sus	그들의 그녀들의 당신들의 그것들의

mi libro 나의 책
nuestra universidad 우리 대학교
tus lentes 너의 안경
vuestros hijos 너희의 자식들
su casa 그의 (그녀의/당신의/그들의/그녀들의/당신들의) 집
sus estudiantes 그의 (그녀의/당신의/그들의/그녀들의/당신들의) 학생들

(2) 지시사는 사람이나 사물을 지시하고자 하는 목적으로 주로 사용하며 명사 앞에 씁니다. 말하는 사람과 가까이 있는 사물을 지시할 때 este를, 듣는 사람과 가까이 있는 사물을 지시할 때 ese를 말하는 사람과 듣는 사람 모두로부터 떨어져 있는 사물을 지시할 때 aquel을 사용합니다.

	남성		여성		중성
	단수	복수	단수	복수	
이	este	estos	esta	estas	esto
그	ese	esos	esa	esas	eso
저	aquel	aquellos	aquella	aquellas	aquello

este hombre 이 남자
estos hombres 이 남자들
esa foto 그 사진
esas fotos 그 사진들
aquel parque 저 공원
aquellos parques 저 공원들

지시사 뒤의 명사를 생략하고 대명사 형태로 쓸 수도 있습니다.

Este es Juan, un amigo colombiano.
이 사람은 콜롬비아 친구인 후안입니다.

Esta es Mina, una amiga coreana.
이 사람은 한국인 친구인 미나입니다.

지시하는 명사의 범주가 정해져 있지 않거나 추상적 대상을 가리킬 때 중성 지시 대명사를 사용합니다.

¿Qué es **esto** / **eso** / **aquello**?
이/그/저것이 무엇입니까?

(3) 서수는 순서를 나타날 때 사용하는 숫자이며 명사를 앞에서 수식합니다. 'primero(첫 번째)'와 'tercero(세 번째)'를 가리키는 서수가 남성 단수 명사를 수식할 때 기본형에서 -o가 탈락하므로 주의가 필요합니다.

primero	첫 번째	sexto	여섯 번째
segundo	두 번째	séptimo	일곱 번째
tercero	세 번째	octavo	여덟 번째
cuarto	네 번째	noveno	아홉 번째
quinto	다섯 번째	décimo	열 번째

mi **primer** curso 나의 첫 번째 강의
el **tercer** coche 세 번째 차
mi **primera** clase 나의 첫 번째 수업
nuestra **tercera** clase 우리의 세 번째 수업

5 동사 (los verbos): 현재형 (el presente de indicativo)

(1) ser 동사는 '~이다'의 뜻으로 주어의 변하지 않는 속성을 나타내는 반면, estar 동사는 '~있다'의 뜻으로 주어의 변할 수 있는 정신적, 물리적 상태나 위치를 표현합니다.

	ser ~이다	estar ~있다
yo	soy	estoy
tú	eres	estás
él/ella/usted	es	está
nosotros/as	somos	estamos
vosotros/as	sois	estáis
ellos/ellas/ustedes	son	están

El Museo Nacional **es** grande y amplio. 국립 박물관은 크고 넓다.
El cine **está** enfrente de la farmacia. 영화관은 약국 건너편에 있다.

(2) hay는 한국어의 '~이/가 있다'에 해당하는 표현으로 불특정한 사람 또는 사물의 존재를 나타낼 때 쓰입니다. haber 동사의 3인칭 단수 형태인 hay는 뒤에 따라오는 주어가 복수일 때도 형태가 변하지 않습니다.

Hay agua en la botella. 병에 물이 있다.
Sobre la mesa **hay** dos libros. 책상 위에 두 권의 책이 있다.

(3) 스페인어의 동사는 문장 주어의 인칭과 수에 따라 동사를 활용해야 합니다. 규칙 동사는 어미가 일정한 형태로 변화합니다. 불규칙 동사는 어간의 변화 양상에 따라 다양한 유형이 존재합니다.

① 규칙 동사

	hablar 말하다	comer 먹다	vivir 살다
yo	habl**o**	com**o**	viv**o**
tú	habl**as**	com**es**	viv**es**
él/ella/usted	habl**a**	com**e**	viv**e**
nosotros/as	habl**amos**	com**emos**	viv**imos**
vosotros/as	habl**áis**	com**éis**	viv**ís**
ellos/ellas/ustedes	habl**an**	com**en**	viv**en**

② 어간 불규칙 동사

	pensar 생각하다	poder 할 수 있다	servir 봉사하다
yo	pienso	puedo	sirvo
tú	piensas	puedes	sirves
él/ella/usted	piensa	puede	sirve
nosotros/as	pensamos	podemos	servimos
vosotros/as	pensáis	podéis	servís
ellos/ellas/ustedes	piensan	pueden	sirven

③ 1인칭 불규칙 동사

	hacer 하다
yo	hago
tú	haces
él/ella/usted	hace
nosotros/as	hacemos
vosotros/as	hacéis
ellos/ellas/ustedes	hacen

④ 기타 불규칙 동사

	ir 가다
yo	voy
tú	vas
él/ella/usted	va
nosotros/as	vamos
vosotros/as	vais
ellos/ellas/ustedes	van

6 직접 목적격 대명사와 간접 목적격 대명사 (los pronombres de complemento directo e indirecto)

(1) 직접 목적격 대명사는 '~을/를'을 뜻하는 직접 목적어를 대신할 때 사용합니다.

	단수	복수
1인칭	me 나를	nos 우리를
2인칭	te 너를	os 너희들
3인칭	lo, la 그를, 그녀를, 당신을, 그것을	los, las 그들을, 그녀들을, 당신들을, 그것들을

A ¿**Me** quieres? 나 사랑하니?
B Sí, **te** quiero mucho. 그럼, 너를 많이 사랑하지.

주의 직접 목적어, 즉, 주어의 행위를 직접적으로 받는 대상이 사람이나 동물일 경우, 주어와 구별하기 위하여 직접 목적어 앞에 전치사 'a'를 넣어 목적어임을 표시합니다.

예 Ana escucha a la profesora. 아나는 선생님(말씀)을 경청한다.
Ana escucha la radio. 아나는 라디오를 듣는다.

(2) 간접 목적격 대명사는 '~에게'를 뜻하는 간접 목적어를 대신할 때 사용합니다. 직접 목적격 대명사와 달리 간접 목적격 대명사는 3인칭의 경우 성의 구별이 없습니다.

	단수	복수
1인칭	me 나에게	nos 우리에게
2인칭	te 너에게	os 너희에게
3인칭	le 그에게, 그녀에게, 당신에게, 그것에게	les 그들에게, 그녀들에게, 당신들에게, 그것들에게

A ¿Qué **les** sirve Ana a los invitados? 아나는 손님들에게 무엇을 제공하나요?

B **Les** sirve la comida y las bebidas. 그녀는 그들에게 음식과 음료를 제공합니다.

간접 목적어가 3인칭일 경우에는 지시 대상을 명확하게 하기 위해 간접 목적격 대명사를 쓰고도 '전치사 a + 명사' 형태를 다시 한 번 더 쓰기도 합니다.

Les voy a regalar estas flores **a mis padres**. 나는 이 꽃들을 부모님께 선물하려고 해.

¿**A quién le** dejas tu coche? 누구에게 네 차를 빌려주려고 하니?

(3) 목적격 대명사의 위치: 시제 활용이 된 동사 앞에서 간접 목적격 대명사와 직접 목적격 대명사가 함께 사용된 경우 순서는 항상 '간접 목적격 대명사 + 직접 목적격 대명사' 순서로 씁니다. 이 때 간접 목적격 대명사가 3인칭일 경우 직접 목적어 앞에서 le/les가 se로 변화합니다.

Ana le da un regalo a su amiga. → Ana **se lo** da.
아나는 그녀의 친구에게 선물을 준다. 아나는 그녀에게 그것을 준다.

두 개 이상의 동사로 구성된 구문에 직접 목적격 대명사나 간접 목적격 대명사가 쓰일 경우, 첫 번째 활용형 동사 앞에 쓰거나 동사 원형 뒤에 바로 붙여서 씁니다.

A ¿Puedes dejarme tu bicicleta? 너는 나에게 너의 자전거를 빌려줄 수 있니?

B Sí, **te la** puedo dejar. / Sí, puedo dejár**tela**. 응, 너에게 그것을 빌려 줄 수 있어.

7 gustar 동사 (el verbo 'gustar')

'~은/는 ~을/를 좋아한다'는 뜻으로 '좋아하는 사람'을 간접 목적어로, '좋아하는 대상'을 문법적인 주어로 씁니다.

간접 목적어 (~은/는)		동사 (좋아하다)	문법적 주어 (~을/를)
(A mí)	me	gusta	el cine español.
(A ti)	te		cocinar.
(A él, a ella, a usted, a Juan)	le		cantar y bailar.
(A nosotros/as)	nos	gustan	las canciones españolas.
(A vosotros/as)	os		el fútbol y el tenis.
(A ellos, a ellas, a ustedes, a mis padres)	les		

A Emilio le **gustan** el fútbol y el tenis. 에밀리오는 축구와 테니스를 좋아한다.

¿(A ti) te **gusta** la música clásica? 너는 클래식 음악 좋아하니?

8 재귀 대명사와 재귀 동사 (los pronombres reflexivos y los verbos reflexivos)

(1) 재귀 대명사는 '~자신을/에게'의 뜻이며 주어와 목적어가 동일할 때 사용합니다.

	단수	복수
1인칭	me 나 자신	nos 우리 자신들
2인칭	te 자신	os 너희 자신들
3인칭	se 그 자신, 그녀 자신, 당신 자신, 그것 자신	se 그들 자신, 그녀 자신들, 당신 자신들, 그것 자신들

La mamá **se** baña. (재귀 대명사) 엄마는 목욕합니다.

La mamá baña **al bebé**. (a + 목적어) 엄마는 아기를 목욕시킵니다.

(2) 재귀 동사는 재귀 대명사와 함께 사용하여 주어의 행위가 스스로에게 영향을 미칠 때 사용합니다.

despertarse 잠 깨다

acostarse 잠자리에 들다

ducharse 샤워하다

secarse 말리다

maquillarse / pintarse 화장하다

cepillarse / lavarse los dientes 이를 닦다

ponerse la ropa / los zapatos
옷을 입다/신발을 신다

vestirse 옷을 차려입다

levantarse 일어나다

bañarse 목욕하다

peinarse 머리를 빗다

afeitarse 면도하다

sentarse 앉다

lavarse el pelo / la cara 머리 감다/세수하다

quitarse la ropa / los zapatos
옷을 벗다/신발을 벗다

주의

1 신체 부위 표현을 재귀동사와 함께 사용할 경우, 소유사가 아닌 '정관사'를 씁니다.

예 Yo me lavo la cara. (O) 나는 세수한다.
Yo lavo mi cara. (X)
Yo me lavo mi cara. (X)

2 '서로서로 ~한다'는 표현을 할 때 상호의 se를 사용합니다. 따라서 주어가 nosotros, vosotros, ellos/ellas/ustedes와 같은 복수 명사일 때 사용합니다. 이 se 용법은 재귀의 se 용법과 다르니 구분해야 합니다.

abrazarse 서로 포옹하다	darse la mano 서로 악수하다
ayudarse 서로 돕다	respetarse 서로 존중하다
besarse 서로 키스하다	saludarse 서로 인사하다
conocerse 서로 알다	verse 서로 보다/만나다

예 Los novios se besan al final de la boda.
신랑 신부는 결혼식 끝에 서로 키스한다.

Mi esposa y yo nos respetamos mucho.
내 아내와 나는 서로 많이 존중해준다.

9 의문문 (las oraciones interrogativas)

(1) 의문사가 없는 의문문: 평서문을 그대로 쓰고 뒤에 억양만 올려도 되고, 주어가 동사와 도치되어도 됩니다. 대답은 sí/no로 합니다.

A ¿Es usted español? 당신은 스페인 사람입니까?
B **Sí**, soy español. 네, 저는 스페인 사람입니다.

A ¿No te gusta la sandía? 너는 수박 안 좋아해?
B **No**, no me gusta. 응, 안 좋아해.

(2) 의문사가 있는 의문문: 의문사가 문두에 위치하고 주어와 동사가 도치됩니다. 모든 의문사에는 강세 표시가 있습니다.

의문사	뜻	질문 사항
¿qué?	무엇	사물이나 개념
¿dónde?	어디에	장소
¿cómo?	어떻게	방법
¿quién/quiénes?	누가	사람
¿cuándo?	언제	시간
¿cuál/cuáles?	어떤, 무엇의	선택 가능한 대상이나 이름, 전화번호 등
¿por qué?	왜	이유
¿cuánto/a/os/as?	얼마나?	양 또는 갯수 (수식하는 명사의 (불)가산성, 성·수에 일치)

¿**Qué** es esto? 이것은 무엇입니까?
¿De **dónde** es usted? 당신은 어디 출신이십니까?
¿**Cómo** lo sabéis? 너희들은 그것을 어떻게 아니?
¿**Quiénes** son aquellos chicos? 저 젊은이들은 누구입니까?
¿**Cuándo** tienes la clase de español? 너는 언제 스페인어 수업이 있니?
¿**Cuál** es tu estación favorita? 네가 좋아하는 계절은 어느 것이니?
¿**Por qué** no hay clase? 왜 수업이 없습니까?
¿**Cuántos** hijos tiene, señor García? 가르시아 씨, 몇 명의 자식이 있습니까?

10 부정문과 부정어 (las oraciones negativas y los indefinidos)

(1) 스페인어에서는 주어와 동사 사이에 no를 넣어 부정문을 만듭니다. 동사 앞에 목적격 대명사나 재귀 대명사가 나올 경우, no는 목적격 대명사 앞에 위치합니다.

Juan **no** come carne. 후안은 고기를 먹지 않는다.

No te lo puedo dar ahora. 지금은 네게 그것을 줄 수 없어.

(2) 부정어는 정해지지 않은 사람, 대상이나 빈도를 나타내는 말로 긍정형과 부정형이 있습니다.

		긍정형 (afirmativo)		부정형 (negativo)	
부정어	사람	alguien 누군가		nadie 아무도	
	사물	algo 무엇		nada 아무것	
	명사가 정해진 경우	algún, alguna, algunos, algunas 어떤	+ 명사	ningún, ninguna 아무	+ 명사

A ¿Hay **alguien** en casa? 집에 누가 있니?
B No, no hay **nadie**. 아니, 아무도 없어.

A ¿Necesitas **algo** más? 너 필요한 것 뭐 더 있니?
B No, **nada** más. 아니, 아무것도 없어.

부정어 뒤에 쓰인 명사를 이미 알 경우, 명사를 생략하고 부정어를 대명사 형태로 쓸 수 있습니다. 단, 이때 algún/ningún의 경우 alguno/ninguno 형태로 씁니다.

A ¿Conoces a **algún** actor famoso? 너 어떤 유명한 배우 아니?
B No, no conozco a **ninguno**. 아니, 아무도 없어.

주의 부정형 부정어가 동사 앞에 나오면 동사 앞에 no를 쓸 필요가 없고 동사 뒤에 나오면 동사 앞에 'no'를 써야 합니다. 빈도를 나타내는 부사의 경우도 쓰임이 이와 같습니다.

	긍정형 (afirmativo)	부정형 (negativo)
부사	también 또한	tampoco 또한 (아니다)
	siempre 항상	nunca/jamás 결코 (아니다)

예 Nadie viene hoy. = No viene nadie hoy.
오늘 아무도 안 온다.

Yo nunca te miento. = Yo no te miento nunca.
나는 절대 네게 거짓말 안 해.

LECCIÓN 1

¿Qué has hecho para mejorar la salud?

TEMAS

- La salud y las dolencias
- La nutrición
- Las experiencias

FUNCIONES

- Explicar síntomas
- Cuidados para mantener una vida sana
- Narrar hechos recién ocurridos
- Hablar de la experiencia

GRAMÁTICA

- Los verbos del tipo 'gustar'
- Los comparativos
- El participio
- El pretérito perfecto

TEMAS Y ACTIVIDADES

TEMA 1 La salud y las dolencias

PISTA 001

A ¿Qué le pasa, señor?

B No sé, doctora. No me encuentro muy bien.

A ¿Qué síntomas tiene?

B Me duelen la cabeza y la garganta. Además tengo una tos muy fuerte y no puedo dormir por la noche.

A ¿Tiene fiebre?

B Sí, tengo mucha fiebre.

A Es la gripe. ¿Es alérgico a algún medicamento?

B No, a ninguno en particular.

Problemas de salud

Me duele el estómago.

Tengo dolor de cabeza.

Me duelen las muelas.

Tengo gripe.

Me pican los ojos.

Tengo mucha fiebre.

Actividad 1

Coloque cada una de las siguientes partes del cuerpo en el lugar correspondiente.

la boca	los brazos	la cabeza	el cuello
los hombros	las manos	la nariz	los ojos
las orejas	el pecho	los pies	las piernas

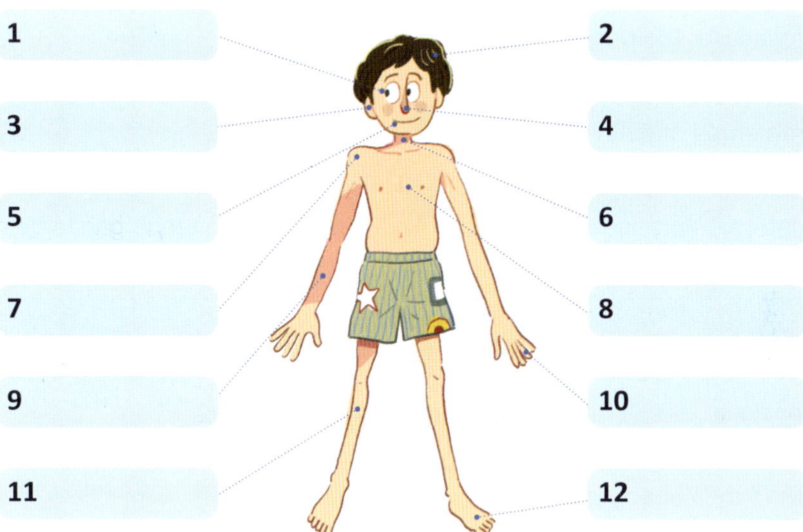

Actividad 2

Hable con su compañero/a sobre qué le duele en las siguientes situaciones, siguiendo el modelo.

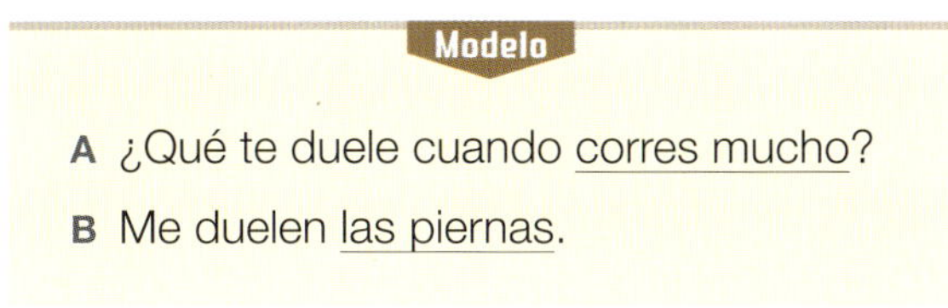

1 correr mucho	ⓐ los hombros y los brazos
2 comer demasiado	ⓑ las piernas
3 tener gripe	ⓒ la cabeza, la garganta y todo el cuerpo
4 nadar tres horas	ⓓ el estómago
5 gritar mucho	ⓔ los ojos, la cabeza y el cuello
6 jugar a los videojuegos todo el día	ⓕ la garganta

Actividad 3

Relacione cada síntoma con sus posibles remedios.

Modelo

A Tengo gripe. Tengo mucha fiebre. Tengo la nariz congestionada. Me duele todo el cuerpo.

B Tienes que tomar una pastilla y dormir mucho.

1 Estoy resfriado/a. Me duele la garganta. Tengo tos.
2 Tengo dolor de muelas. No puedo masticar bien.
3 Tengo problemas digestivos. Me duele el estómago.
4 Estoy estresado/a. Tengo demasiado trabajo.
5 Últimamente, siempre me siento triste. Tengo depresión. No tengo ganas de hacer nada.

Vocabulario útil	
ir al médico (al dentista, etc.)	consultar con un psicólogo
beber mucha agua	comer ligero
no consumir alimentos picantes ni fritos	tomar un medicamento (una aspirina, una pastilla, etc.)
tomar un té caliente (o una sopa caliente)	dormir suficiente
guardar cama	quedarse en casa
descansar	tomar vacaciones

Actividad 4

Entreviste a su compañero/a como si fuera Ud. un/a enfermero/a.

1 ¿Cuánto pesa?
2 ¿Cuánto mide?
3 ¿Cuál es su grupo sanguíneo?
4 ¿Es fumador/a (o lo ha sido durante los últimos seis meses)?
5 ¿Sabe si tiene la presión arterial alta o baja?
6 ¿Es alérgico/a a algo?
7 ¿Ha tenido alguna enfermedad grave?
8 ¿Toma algún medicamento?

TEMA 2 La nutrición

PISTA **002**

A Hola, Pedro, te veo más delgado. ¿Qué has hecho para bajar tanto de peso?

B He hecho un régimen. Ahora bebo mucha agua y como muchas verduras.

A ¿Pero no comes carne ni pescado?

B Sí, todos los días como carne o pescado.

A ¡No te lo puedo creer!

B ¿Por qué no? Lo importante es llevar una dieta equilibrada y hacer mucho ejercicio.

La pirámide de nutrición

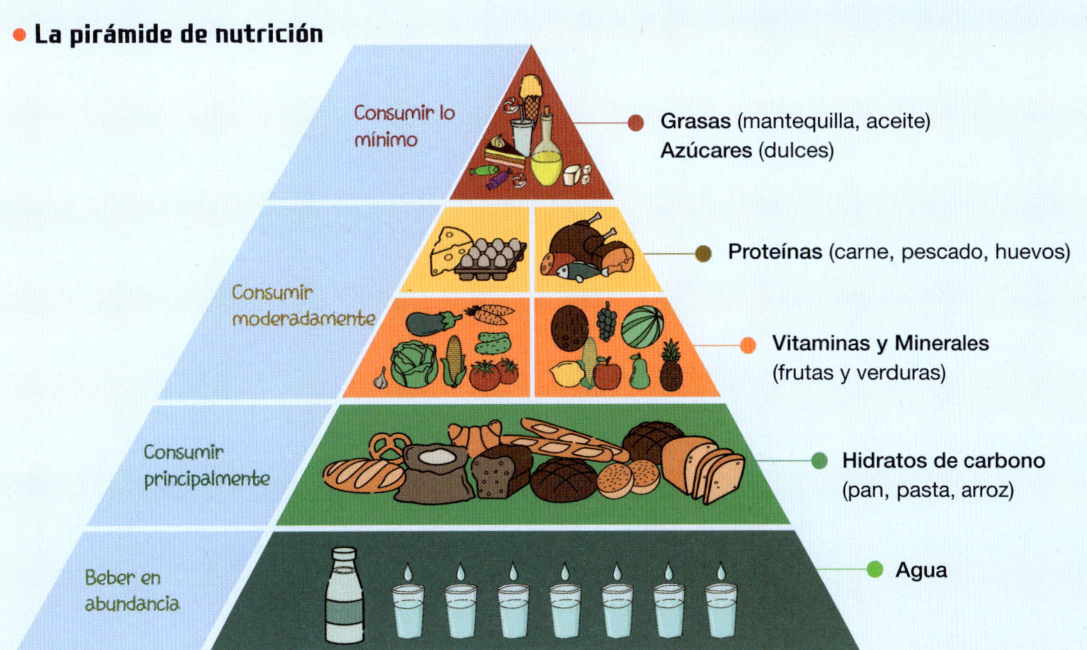

Actividad 5

Escuche el siguiente diálogo entre Esteban (E) y Sonia (S) e indique quién tiene los siguientes hábitos alimentarios.

PISTA 003

		E	S
1	Come muchas verduras y frutas.	☐	☐
2	Suele comer carne. No le gustan las verduras.	☐	☐
3	Bebe mucha agua, al menos dos litros al día.	☐	☐
4	Le encantan los postres dulces. Después de cada comida toma alguno de ellos.	☐	☐
5	Toma más o menos cuatro tazas de café al día.	☐	☐
6	La cafeína no le hace efecto.	☐	☐
7	La cafeína le da ansiedad. No puede dormir bien si toma mucho café.	☐	☐

Actividad 6

Hágale las siguientes preguntas sobre sus hábitos alimentarios a su compañero/a.

1 Para desayunar, ¿qué prefieres tomar?
2 ¿Te preocupa mucho engordar?
3 ¿Te interesa hacer gimnasia con un/a entrenador/a personal?
4 ¿Qué te hace falta para estar en buena forma?
5 ¿Te sienta mal el alcohol? ¿Y la cafeína?
6 ¿Hay problemas con algún alimento?

Hable con su compañero/a sobre cómo mantenerse sano/a y decida quién lleva una vida más sana justificando su respuesta como en el modelo.

Modelo

A ¿Fumas?

B Sí.

A ¿Cuántos cigarrillos fumas al día?

B Fumo un paquete. ¿Y tú?

A Yo nunca he fumado.

Conclusión

Pienso que yo llevo una vida más sana que mi compañero/a. Es que yo no fumo, pero él/ella sí fuma, un paquete al día. Yo hago más ejercicio que él/ella. Yo duermo ocho horas y él/ella cinco horas. Yo duermo más horas que él/ella. Pero yo bebo tanto como él/ella. Nosotros/as tratamos de no comer comida chatarra ni refrescos.

	tú	tu compañero/a
1 fumar		
2 beber alcohol		
3 hacer ejercicio tres días por semana		
4 dormir al menos ocho horas al día		
5 tratar de no tomar comida chatarra ni refrescos		

Conclusión

....

....

....

....

....

3 TEMA Las experiencias

PISTA 004

A ¡Cuánto tiempo sin verte!

B ¡Es verdad! Acabo de regresar de un viaje por Europa.

A ¿De veras? ¡Qué envidia me das! De todos los lugares visitados, ¿cuál te ha gustado más?

B Granada, en España.

A ¿Por qué?

B Porque hay muchos monumentos impresionantes.

Actividad 8

Hable con un compañero/a asociando los siguientes estados anímicos con su causa correspondiente como en el modelo.

Modelo

A ¿Por qué está decepcionado Jorge?

B Porque ha suspendido un examen muy importante.

Estados anímicos	Causas
1 Jorge está decepcionado.	ⓐ beber cinco tazas de café hoy
2 Adriana está cansada.	ⓑ estudiar seis horas sin descanso
3 Pedro no puede dormir.	ⓒ abrir el negocio de su sueño este mes
4 Julia está emocionada.	ⓓ conseguir una beca
5 Marcos está contento.	ⓔ suspender un examen muy importante
6 Silvia está triste.	ⓕ romper con su novio hace poco

Actividad 9

Entreviste a su compañero/a usando las siguientes preguntas.

1 ¿Has vivido en el extranjero alguna vez? ¿En qué país? ¿Cuánto tiempo?

2 ¿Has ido al cine recientemente? ¿Con quién has ido? ¿Te ha gustado la película?

3 ¿Qué teleserie has visto por última vez? ¿De qué se trata?

4 ¿Has visto a alguna estrella en persona? ¿A quién? ¿Dónde?

5 ¿Qué suceso recientemente ocurrido te ha impresionado más? ¿Por qué?

6 ¿A quién le has escrito un correo electrónico por última vez? ¿Por qué motivo lo has escrito?

Actividad 10

Escuche este diario y complete los espacios en blanco usando el verbo apropiado.

PISTA 005

chocar decir llegar llevar rellenar sentir ser tener tomar venir

Querido diario:

Hoy yo he **1** ___________ un mal día. Al ir a la escuela en bicicleta he **2** ___________ contra un coche en una esquina. Gracias a Dios, enseguida ha **3** ___________ el servicio de primeros auxilios y me han **4** ___________ al hospital en una ambulancia.

Mi madre ha **5** ___________ al hospital y ha **6** ___________ el formulario en la recepción. Mientras tanto, la enfermera me ha **7** ___________ la tensión y el pulso. Luego el técnico, una radiografía. Más tarde la médica me ha **8** ___________: "Chico, no es grave. Solo tienes un tobillo torcido, así que no te hace falta estar tan nervioso." Después de oír eso, mi madre y yo nos hemos **9** ___________ aliviados. Hoy ha **10** ___________ un día muy duro.

VOCABULARIO Y EXPRESIONES

el cuerpo | 신체

la boca 입

los brazos 팔

la cabeza 머리

el cuello 목

el cuerpo 몸, 신체

la depresión 우울, 기분 저하

el estómago 위

la garganta 목구멍

los hombros 어깨

las manos 손

las muelas 어금니

la nariz 코

los ojos 눈

las orejas 귀

el pecho 가슴

las piernas 다리

los pies 발

el tobillo 발목

las dolencias | 고통, 아픔

la ambulancia 응급차

la ansiedad 불안, 초조, 갈망

el/la enfermero/a 간호사

el grupo sanguíneo 혈액형

la nariz congestionada 코 막힘

la presión arterial 혈압

la radiografía X-ray (엑스레이)

el remedio 처방, 처치

la salud 건강

el síntoma 증상, 징후

el té (마시는) 차

alérgico/a 알레르기 체질의

digestivo/a (음식) 소화의

estresado/a 스트레스 받는

frito/a 튀긴

ligero/a (무게, 정도, 내용) 가벼운

picante 매운

torcido/a (발목 등이) 삔, 접질린

consultar con un psicólogo 심리 상담사에게 상담받다

consumir 섭취하다

descansar 쉬다

doler 아프다

encontrarse bien/mal 컨디션(몸 상태가) 좋다/나쁘다

estar resfriado/a 감기에 걸리다

gritar 소리치다

guardar cama 침대에 누워 있다

ir al dentista 치과 의사에게 가다

masticar (껌 등을) 씹다

medir 재다, 키가 ~이다

pesar 무게가 나가다

quedarse en casa 집에 있다

tener fiebre 열이 있다

tener ganas de + *inf.* ~할 마음이 있다

tener gripe 감기에 걸리다

tener tos 기침하다

tomar una pastilla, un medicamento, una aspirina, etc. 알약, 약, 아스피린 등을 먹다

tomar la tensión / el pulso 혈압/맥박을 재다

la nutrición | 영양

el aceite 오일

el agua 물

el alimento 음식, 식품

el arroz 쌀

el/la azúcar 설탕

la cafeína 카페인

la carne 고기

el cigarrillo 담배

la comida chatarra 정크 푸드

la comida 음식

la dieta 다이어트, 식이요법

el dulce 단것, 사탕

el/la entrenador/a personal 개인 헬스 트레이너

la fruta 과일

la grasa 지방, 기름

el hidrato de carbono 탄수화물

el huevo 달걀

la mantequilla 버터

el mineral 미네랄, 무기질

el pan 빵

el paquete 소포, (담배) 한 갑

la pasta 파스타

el pescado 생선

la pirámide 피라미드

la proteína 단백질

el refresco 음료수, 탄산수

el régimen 체제, 제도, 식이요법

la verdura 채소

la vitamina 비타민

delgado/a 날씬한, 마른

equilibrado/a 균형 잡힌

bajar de peso 살을 빼다

engordar 살이 찌다

estar en buena forma 컨디션이 좋다

hacer efecto 효과가 있다, 효험이 있다

hacer gimnasia 운동하다

picar 가려움, 간지러움을 유발하다, (상처 등이) 쓰리다

sentar bien/mal 체질이나 입맛에 맞다/맞지 않다

moderadamente 적당하게

principalmente 주로, 근본적으로

al menos 적어도

en abundancia 풍족히

las experiencias | 경험

el diario 일기

el formulario 서식

el monumento 기념물, 기념 건조물

el motivo 동기

los primeros auxilios 응급, 구급 치료

la recepción 접수처

el suceso 사건

la taza 찻잔, 커피 잔

el/la técnico/a (de radiografía) (방사선) 기사

la teleserie TV 드라마

emocionado/a 감격한

impresionante 인상적인, 놀랄 만한

querido/a 친애하는

recién ocurrido/a 최근에 일어난

acabar de + *inf.* 방금 ~을/를 끝마치다

chocar contra ~에 부딪히다

conseguir una beca 장학금을 타다

hacer falta 필요하다

impresionar 감명을 주다

rellenar 채우다

romper con (+ alguien) ~와/과 사이가 깨지다

sentirse aliviado 안도하다

tratar de + *inf.* ~하려고 애쓰다, 노력하다

alguna vez 언젠가

así que 그래서

mientras tanto 반면에, 그러는 동안

por última vez 마지막으로

sin descanso 쉼 없이

¿De veras? 진짜로?, 정말로?

¡Cuánto tiempo sin verte! 정말 오랜만이네!

¡Qué envidia me das! 너 정말 부럽다!

GRAMÁTICA Y EJERCICIOS

1 gustar류 동사 (los verbos del tipo 'gustar')

(1) gustar 동사는 'A가 B를 좋아한다'는 표현을 할 때 사용하는 동사입니다. 그런데 이 동사는 문법적으로 'B가 A(경험자)에게 좋은 감정을 일으키다'는 구조를 취하여 A(경험자)는 간접 목적어가 되고, B는 주어가 되므로 주의가 필요합니다. 이때 동사 앞의 간접 목적격 대명사 me, te, le, nos, os, les는 생략이 불가능합니다. 반면에 좋아하는 대상 A를 분명하게 해 주거나 강조하기 위해 전치사 a를 동반한 간접 목적어 (a mí, a ti, ..., a ustedes, a mi padre)를 간접 목적격 대명사와 중복해서 쓸 수는 있습니다.

간접 목적어		동사	주어
(A mí)	me	gusta	el fútbol.
(A ti)	te		bailar.
(A él, a ella, a usted, a Juan)	le		nadar y correr.
(A nosotros/as)	nos	gustan	el fútbol y el tenis.
(A vosotros/as)	os		los niños.
(A ellos, a ellas, a ustedes, a mis padres)	les		

(A mí) me **gusta** el fútbol. 나는 축구를 좋아해요.
A mi padre le **gustan** el fútbol y el baloncesto. 우리 아버지는 축구와 농구를 좋아하신다.
(A nosotros) no nos **gustan** los insectos. 우리는 곤충들을 좋아하지 않는다.

주의 gustar 동사 뒤의 주어가 명사가 아닌 동사가 올 경우, 동사가 2개 이상 나열된다고 해도 복수로 취급하지 않고 단수로 취급하여 gustan을 쓰지 않고 gusta를 씁니다.

예 Me gusta nadar y correr. (O) 나는 수영하기와 달리기를 좋아한다.
Me gustan nadar y correr. (X)

(2) gustar와 같이 심리적 감정을 경험하는 주체가 문장 내에서 주어가 아닌 간접 목적어로 제시되는 동사들이 많습니다. 이 동사들은 엄밀히 말하면 'B가 A(경험자)에게 ~한 마음을 일으키다'라는 뜻을 가진 심리적 상태를 야기하는 동사들입니다.

심리 상태를 야기하는 동사

- aburrir 지루하게 하다
- encantar 매우 좋아하게 하다
- importar 중요하다, 관계가 있다
- preocupar 걱정하게 만들다
- apetecer ~하고 싶은 마음이 들게 하다
- fascinar 매료시키다
- interesar 흥미를 유발하다
- asustar 놀라게 하다
- fastidiar 피곤하게 하다
- molestar 거슬리게 하다

Me **molesta** el ruido. 나는 시끄러운 소리가 거슬린다.

No me **importa** su conducta. 나는 그의 행동에 신경 쓰지 않는다.

A ti te **interesa** mucho la política, ¿no? 너는 정치에 관심이 많지, 그렇지?

Le **fascina** la cultura española. 그는 스페인 문화에 심취해 있다.

¿Os **asustan** todavía los bichos? 너희들은 아직도 벌레를 보면 놀라니?

(3) 신체적 증상을 나타내는 동사들도 경험하는 사람이 주어가 아닌 간접 목적어로 표시됩니다. 대표적인 동사로 '~이/가 아프다'는 표현을 할 때 쓰는 doler 동사가 있습니다. 아픈 부위가 주어로 쓰여 동사 뒤에 나오고 아픔을 느끼는 주체가 간접 목적어로 표시됩니다.

간접 목적어		동사	주어
(A mí)	me		
(A ti)	te	duele	la cabeza.
(A él, a ella, a usted, a Juan)	le		
(A nosotros/as)	nos		
(A vosotros/as)	os	duelen	las muelas.
(A ellos, a ellas, a ustedes, a mis padres)	les		

신체적 증상을 나타내는 동사

picar 간지럽다 sentar bien/mal (음식 등이) 소화가 잘/안된다

(A mí) me **duele** el estómago. 나는 배가 아프다.

A Juan le **duelen** los dedos. 후안은 손가락이 아프다.

Me **pica** la garganta. 나는 목구멍이 간지럽다.

Estos días no me **sienta** bien la comida. 요즘 나는 음식이 소화가 잘 안된다.

(4) '~이/가 ~에게 부족/충분/필요하다'와 같은 부족과 잉여를 나타내는 동사도 경험자가 주어가 아닌 간접 목적어로 표시됩니다.

부족과 잉여를 나타내는 동사

bastar 충분하다 faltar 부족하다 hacer falta 필요하다 quedar 남아 있다 sobrar 여분으로 남다

¿Cuánto tiempo le **falta** al abuelo para jubilarse?
할아버지가 정년퇴직 때까지 얼마나 남으셨지?

Te **bastan** cincuenta mil wones para comprar esos pendientes.
네가 그 귀걸이를 사려면 5만 원이면 충분해.

A ellas les **hacen falta** los bañadores y las gafas de sol ahora.
그녀들은 지금 수영복과 선글라스가 필요하다.

Nos **quedan** tres naranjas.
우리에게는 세 개의 오렌지가 남아 있다.

Nos **sobra** un poco de dinero todavía.
우리에게는 아직까지 약간의 돈이 남아 있다.

Ejercicio 1

빈칸에 알맞은 간접 목적격 대명사를 쓰세요.

1 Carmen y Juan son cajeros. Por eso, ______________ duelen las piernas a menudo.

2 A mi familia no ______________ importa el dinero.

3 A los estudiantes nunca ______________ aburre la clase de español.

4 ¿A ti ______________ apetece dar un paseo?

5 A ella no ______________ sienta bien el alcohol.

6 La verdad es que a nosotros no ______________ hace falta nada.

Ejercicio 2

주어진 낱말을 이용하여 문장을 완성하세요.

> **보기**
>
> los bombones / a los niños / les / encantar
>
> → A los niños les encantan los bombones.

1 os / a vosotros / la política / interesar
→ ¿____?

2 comer y beber / nos / algo / apetecer
→ ____.

3 a Julia / le / picar / la espalda / por alergia
→ ____.

4 les / madrugar / molestar / a ustedes
→ ¿____?

5 a mí / doler / las muelas / al masticar / me
→ ____.

6 les / bailar / a mis compañeros / salsa / fascinar
→ ____.

Ejercicio 3

주어진 문장의 의미에 맞게 빈칸에 알맞은 동사를 골라 넣어 보세요.

doler	faltar	fastidiar	preocupar	sobrar

1 A la madre le ______________ la espalda de hacer tantos quehaceres domésticos.
엄마는 많은 집안일을 해서 등이 아프시다.

2 Me ______________ las razones para amarla.
나에겐 그녀를 사랑할 만한 이유가 넘쳐난다.

3 Los terremotos le ______________ a todo el mundo.
모두가 지진을 걱정한다.

4 ¿No os ______________ todos los políticos del país?
너희들은 이 나라의 정치인들이 짜증나지 않니?

5 Pienso ir a la compra esta tarde. ¿Qué nos ______________ ?
오늘 오후에 난 장 보러 갈 생각이야. 우리에게 부족한 것이 무엇이 있니?

Ejercicio 4

전치사 a를 동반한 간접 목적어를 사용하여 대화문을 완성하세요.

1 A Oye, me duele mucho la cabeza de tanto estudiar para los exámenes.
B ______________________ también.

2 A En Corea nos preocupa la situación económica de estos días.
B En México ______________________ no nos preocupa la nuestra.

3 A A los niños españoles nunca les cansa jugar al fútbol. ¿A los coreanos?
B ______________________, tampoco.

4 A Julia, ¿qué sabor de helado te gusta más?
B Pues, me gusta el chocolate, y ¿______________?

5 A ¿Os apetece salir con este calor a ti y a tu perrito?
B No, a mí no, pero ______________________, sí.

2 비교급 (los comparativos)

(1) 'A가 B보다 더 ~하다', 'A가 B보다 더 많이 ~하다'를 뜻하는 우등 비교 구문은 다음과 같은 형태로 이루어집니다.

A + **más** + 명사 / 형용사 / 부사 + **que** + B

A + 동사 + **más que** + B

Juan tiene **más** amigos **que** Carlos.
후안이 카를로스보다 친구가 더 많다.

Juan gana **más** dinero **que** Miguel.
후안은 미겔보다 돈을 더 많이 번다.

Mi hermano es **más** alto **que** yo.
내 동생이 나보다 키가 더 크다.

Ana habla español **más** claramente **que** Carmen.
아나는 스페인어를 카르멘보다 더 분명하게 말한다.

Nosotros trabajamos **más que** ustedes.
우리가 당신들보다 더 많이 일합니다.

Me gusta el fútbol **más que** el baloncesto.
나는 농구보다 축구를 더 좋아한다.

(2) 우등 비교급에는 다음과 같은 불규칙형이 존재합니다.

형용사/부사	우등 비교급
bueno 좋은	mejor 더 좋은/더 좋게
bien 좋게	
malo 나쁜	peor 더 나쁜/더 나쁘게
mal 나쁘게	
grande 큰	mayor 연상의
pequeño 작은	menor 연하의

Tú cantas **mejor que** yo.
너는 나보다 노래를 잘하네.

Mis notas son siempre **peores que** las de mi compañero.
내 시험 성적은 항상 내 급우보다 낮다.

Carmen es dos años **mayor que** su hermana.
카르멘은 그녀의 여동생보다 두 살 많다.

주의
grande가 나이가 아닌 크기를 나타낼 경우 más grande(크기가 더 큰)를 씁니다.
pequeño/a 역시 나이가 아닌 크기를 나타낼 경우 más pequeño/a(크기가 더 작은)를 씁니다.

예 Esta pelota es más grande que esa. 이 공은 저 공보다 크다.

(3) 'A가 B보다 덜 ~하다', 'A가 B보다 더 적게 ~하다'를 뜻하는 열등 비교 구문은 다음과 같은 형태로 이루어집니다.

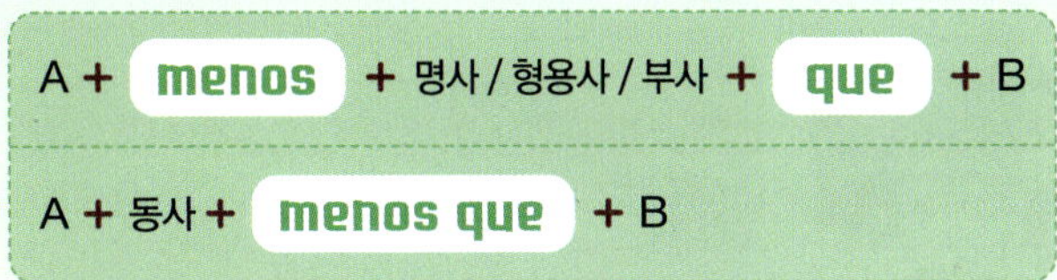

Juan tiene **menos** trabajo **que** Carlos.
후안이 카를로스보다 일이 더 적다.

Juan gana **menos** dinero **que** Miguel.
후안은 미겔보다 돈을 더 적게 번다.

Esta habitación es **menos** acogedora **que** la de antes.
이 방이 예전의 방보다는 덜 아늑하다.

Carmen habla español **menos** claramente **que** Ana.
카르멘은 스페인어를 아나보다 덜 분명하게 말한다.

Ustedes trabajan **menos que** nosotros.
당신들이 우리들보다 일을 덜합니다.

Me gusta el fútbol **menos que** el baloncesto.
나는 농구보다 축구를 덜 좋아한다.

(4) 'A가 B처럼/만큼 ~하다', 'A가 B처럼/만큼 그렇게 많이 ~하다'를 뜻하는 동등 비교 구문은 다음과 같은 형태로 이루어집니다. 단, 명사를 비교하는 경우 tanto는 명사의 성·수와 일치하여 사용합니다.

Juan gana **tanto** dinero **como** Miguel.
후안은 미겔만큼 돈을 번다.

Juan no tiene **tantos** amigos **como** Carlos.
후안은 카를로스만큼 많은 친구가 있지는 않다.

Mi hermana es **tan** alta **como** yo.
내 여동생은 나만큼 키가 크다.

Ana habla español **tan** lentamente **como** Carmen.
아나는 스페인어를 카르멘만큼 천천히 말한다.

Ustedes no trabajan **tanto como** nosotros.
당신들은 우리들만큼 많이 일하지 않습니다.

Ejercicio 5

빈칸에 알맞은 단어를 넣어 비교급 문장으로 완성하세요.

1 Juan mide uno ochenta y cinco. Miguel, uno sesenta y seis. Juan es __________ alto que Miguel.

2 Juan pesa noventa kilos y Miguel, cincuenta y nueve. Miguel pesa __________ que Juan.

3 Juan bebe tres cervezas al día y Miguel también. Juan bebe __________ cervezas al día como Miguel.

4 Juan tiene muchos amigos, pero Miguel tiene pocos. Juan tiene __________ amigos que Miguel.

5 Juan tiene poco dinero, pero Miguel tiene mucho. Juan tiene __________ dinero que Miguel.

6 Juan tiene veintisiete años. Miguel tiene veintiún años. Juan es ______ que Miguel.

Ejercicio 6

비교급 문장이 이루어지도록 알맞은 단어를 골라 문장을 완성하세요.

tanto　tan divertido　tantos　tantas　tan bien　peor　más

1 Juan es __________ como Carlos.

2 Juan viaja __________ como Carlos.

3 Carlos toma __________ clases de Economía como Juan.

4 Carlos habla inglés __________ como Juan.

5 Pero Carlos habla español __________ que Juan.

6 Juan tiene __________ amigos extranjeros como Carlos.

7 Carlos es __________ simpático que Juan.

3 과거 분사 (el participio)

(1) 과거 분사의 규칙형은 -ar로 끝나는 동사의 경우는 -ado로 -er나 -ir로 끝나는 동사의 경우는 -ido로 어미 활용을 합니다.

-ar → -ado		-er → -ido		-ir → -ido	
habl**ar** 말하다	habl**ado**	com**er** 먹다	com**ido**	viv**ir** 살다	viv**ido**
am**ar** 사랑하다	am**ado**	aprend**er** 배우다	aprend**ido**	compart**ir** 공유하다	compart**ido**
cerr**ar** 닫다	cerr**ado**	beb**er** 마시다	beb**ido**	decid**ir** 결정하다	decid**ido**
est**ar** ~에 있다	est**ado**	quer**er** 좋아하다	quer**ido**	**ir** 가다	**ido**
record**ar** 기억하다	record**ado**	s**er** 이다	s**ido**	ped**ir** 요청하다	ped**ido**

(2) 과거 분사가 불규칙인 동사는 다음과 같습니다.

동사 원형	과거 분사
abrir 열다	abierto
cubrir 덮다	cubierto
decir 말하다	dicho
escribir 쓰다	escrito
hacer 하다, 만들다	hecho
morir 죽다	muerto
poner 넣다, 놓다	puesto
resolver 해결하다	resuelto
romper 깨뜨리다	roto
ver 보다	visto
volver 돌아오다	vuelto

(3) 과거 분사는 형용사처럼 명사를 수식할 수 있습니다. 이때 수식하는 명사에 성·수를 일치합니다.

El aire **contaminado**
오염된 공기

La puerta **cerrada**
닫힌 문

Los estudiantes **suspendidos**
낙제한 학생들

Las ventanas **abiertas**
열린 창문들

(4) 'estar 동사 + 과거 분사'를 사용하여 주어의 상태를 나타낼 수 있습니다.

La computadora **está estropeada**.
컴퓨터가 고장 났다.

Los estudiantes **están preocupados** por el examen final.
학생들은 기말고사를 걱정하고 있다.

(5) 'tener 동사 + 과거 분사 + 직접 목적어'는 직접 목적어의 완료된 상태를 나타냅니다. 이때 과거 분사는 직접 목적어에 성·수를 일치합니다. 과거 분사와 직접 목적어의 위치는 바뀔 수 있습니다.

Juan **tiene reservada** una habitación en el hotel Ritz.
후안은 리츠 호텔에 방 하나를 예약해 두었어.

Ya **tengo** el cuarto **ordenado**.
나는 방을 다 정리했어.

Todavía no **tenemos resueltos** los problemas.
우리는 그 문제들을 아직 해결 못 했어.

Ejercicio 7

다음 문장의 빈칸에 동사의 알맞은 과거 분사형을 넣으세요.

1 Los novios están muy ______________ (enamorar).

2 El jardín está ______________ (cubrir) de nieve.

3 Ese pueblo ya tiene ______________ (acabar) la nueva autovía.

4 Los vasos están ______________ (romper).

5 El profesor tiene ______________ (corregir) los exámenes.

6 La ropa ______________ (hacer) de cuero es más resistente.

7 Las leyes ______________ (crear) para proteger los derechos humanos no deben revocarse nunca.

8 Juan tiene ______________ (escribir) el nombre de su novia en el brazo.

4 현재 완료 (el pretérito perfecto)

(1) 'haber 동사 현재형 + 과거 분사'를 사용하여 현재 완료 시제를 나타냅니다. 이때 과거 분사는 동사구의 일부로 사용되었기 때문에 주어에 따른 성·수 변화를 하지 않습니다.

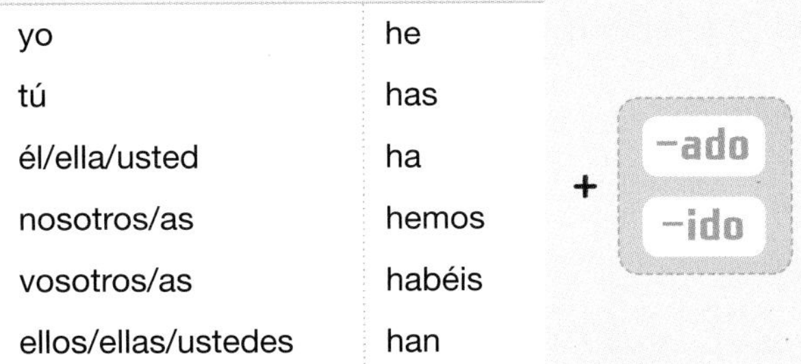

yo	he
tú	has
él/ella/usted	ha
nosotros/as	hemos
vosotros/as	habéis
ellos/ellas/ustedes	han

He visitado varias veces Japón. 나는 일본을 여러 번 방문한 적이 있다.

Este año **ha llovido** mucho. 올해는 비가 많이 내렸다.

Juan **ha llegado** ahora. 후안이 지금 막 도착했다.

(2) 과거의 경험을 표현할 때 현재 완료 시제를 사용합니다.

A ¿**Has estado** alguna vez en México? 멕시코에 가 본 적 있니?

B Sí, **he estado** una vez en Guadalajara. / No, no **he estado** nunca.
응, 과달라하라에 한 번 가 본 적 있어. / 아니, 아직 가 본 적이 없어.

(3) 과거에 일어난 행위의 결과로 현재까지 영향을 받을 때 현재 완료 시제를 사용합니다.

Hay mucho humo. ¿Quién **ha fumado**? 연기가 자욱하네. 누가 담배 피웠어?

La calle está mojada. ¿**Ha llovido**, mamá? 길이 젖어 있네요. 비 왔어요, 엄마?

(4) 스페인에서는 현재와 가까운 시간 표현과 함께 쓰여 가까운 과거에 일어난 일을 나타낼 때 현재 완료 시제를 씁니다.

현재와 가까운 시간 표현

hoy 오늘	esta mañana 오늘 아침	esta semana 이번 주	este mes 이번 달
este año 올해	esta vez 이번에	últimamente 최근에	recientemente 최근에
hace poco 조금 전에	hace cinco minutos 5분 전에		

Esta mañana **he desayunado** a las nueve. 오늘 아침 9시에 식사를 했다.

Esta semana **he estudiado** mucho. 이번 주에 공부를 많이 했다.

He oído la noticia hace poco. 나는 방금 전에 그 소식을 들었다.

(5) 재귀 대명사나 간접 또는 직접 목적격 대명사가 현재 완료 시제와 함께 쓰일 때는 동사구 앞에 위치합니다.

Esta tarde alguien **te** ha llamado. 오늘 오후에 누군가 네게 전화했어.

A ¿A qué hora **te** has levantado hoy? 오늘 너는 몇 시에 일어났니?

B **Me** he levantado a las 7 de la mañana. 나는 아침 7시에 일어났어.

Ejercicio 8

주어진 단어를 이용하여 〈보기〉와 같이 현재 완료 시제로 문장을 완성하세요.

> **보기**
>
> nosotros / ya / terminar / la tarea → Nosotros ya hemos terminado la tarea.

1 el tren / para Madrid / salir / a las 10
→ ______________________________.

2 nosotros / todavía no / ver / esa película
→ ______________________________.

3 cuándo / usted / abrir / la puerta
→ ¿______________________________?

4 yo / nunca / estar / en Chile
→ ______________________________.

5 tú / hacer / muy bien / el trabajo
→ ______________________________.

Ejercicio 9

다음 질문에 주어진 단어를 이용하여 〈보기〉와 같이 스페인어로 답하세요.

> **보기**
>
> ¿Qué nota has sacado en el examen? (una A) → He sacado una A en el examen.

1 ¿Has estado alguna vez en Francia? (sí, una vez)
→ ______________________________.

2 ¿Habéis probado la comida mexicana? (no, nunca)
→ ______________________________.

3 ¿Qué has comprado hoy en el mercado? (pescado y fruta)
→ ______________________________.

4 ¿A qué hora te has levantado hoy? (a las siete)
→ ______________________________.

5 ¿Ha terminado la clase? (no, todavía)
→ ______________________________.

LECCIÓN 2

¿Qué estás haciendo ahora?

TEMAS

- Acciones en progreso
- Las amistades
- Las recetas

FUNCIONES

- Describir el momento de hablar
- Hablar por teléfono
- Escribir una carta informal
- Leer la receta

GRAMÁTICA

- El gerundio
- 'estar' + gerundio
- Los tipos de pronombres de complemento
- El 'se' pasivo y el 'se' impersonal

TEMAS Y ACTIVIDADES

Acciones en progreso

PISTA 006

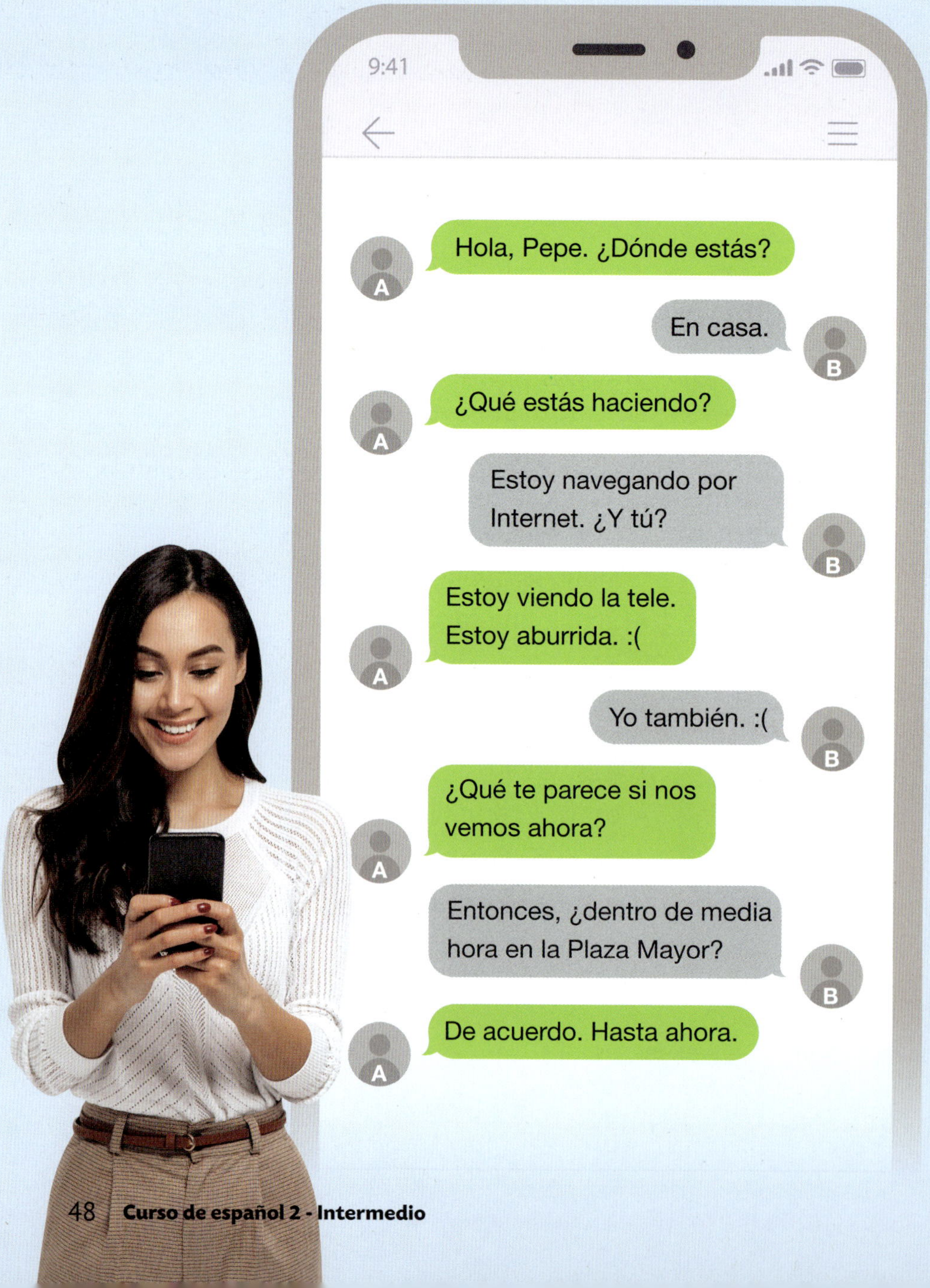

A: Hola, Pepe. ¿Dónde estás?

B: En casa.

A: ¿Qué estás haciendo?

B: Estoy navegando por Internet. ¿Y tú?

A: Estoy viendo la tele. Estoy aburrida. :(

B: Yo también. :(

A: ¿Qué te parece si nos vemos ahora?

B: Entonces, ¿dentro de media hora en la Plaza Mayor?

A: De acuerdo. Hasta ahora.

Actividad 1

Indique lo que Ud. está haciendo a las horas indicadas.

		Sí	No
1 Normalmente a las siete de la mañana los lunes...	estoy durmiendo.		
	estoy desayunando.		
	estoy duchándome.		
	estoy poniéndome la ropa.		
	estoy haciendo ejercicio.		
2 Normalmente a las nueve de la noche los viernes...	estoy cenando en un restaurante.		
	estoy mirando la tele.		
	estoy viendo una película o escuchando un concierto con mi novio/a.		
	estoy descansando en casa.		
	estoy bailando en una discoteca.		
3 Normalmente a las tres de la tarde los domingos...	estoy yendo a la iglesia con mi familia.		
	estoy echando la siesta.		
	estoy jugando a los videojuegos.		
	estoy hablando por teléfono con mi amigo/a.		
	estoy cocinando.		

Actividad 2

Imagine qué están haciendo los siguientes personajes famosos en este momento como en el modelo.

Modelo

Lionel Messi, futbolista → Lionel Messi está jugando al fútbol ahora mismo.

1 Ariana Grande, cantante
2 Paulo Coelho, novelista
3 Rafael Nadal, tenista
4 Michael Sandel, profesor de política
5 Mark Zuckerberg, empresario
6 Joon Ho Bong, director de cine

Lea cada descripción y marque si las siguientes afirmaciones son verdaderas (V) o falsas (F).

Hoy es un lunes típico de la familia García. Son las siete y media de la mañana.

		V	F
1	Está lloviendo.	☐	☐
2	El abuelo está leyendo el periódico en la sala de estar.	☐	☐
3	El Sr. García está hablando por teléfono.	☐	☐
4	La Sra. García está vistiéndose y maquillándose en su habitación.	☐	☐
5	Alberto está poniéndose el uniforme escolar.	☐	☐
6	Marta está desayunando sola en la cocina.	☐	☐
7	La gata Choco está mirando por la ventana.	☐	☐
8	El perro Bambi está corriendo dentro de la casa.	☐	☐

Actividad 4

Descríbale a su compañero/a qué están haciendo las siguientes personas en la playa de la Concha de San Sebastián.

Modelo

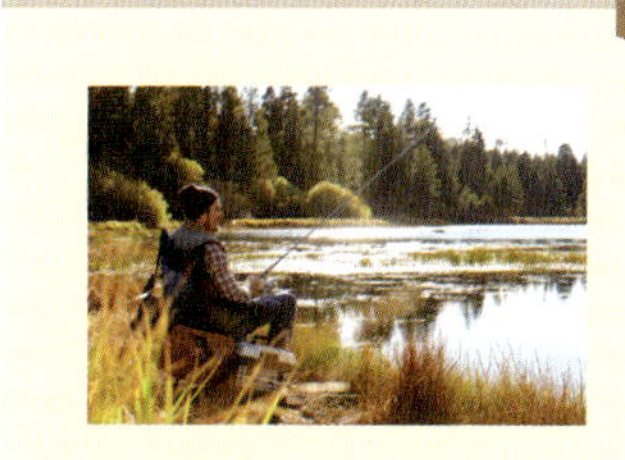

El Sr. Morales

El Sr. Morales está pescando.

bucear en el mar
merendar
nadar
surfear
tomar el sol

1 

Alberto y Marta

____

2 

Juanjo

____

3 

Rosa

____

4 

Sulma y Nora

____

5 

Los Borges

____

TEMA 2

Las amistades

PISTA 007

A Oye, Cristina, ¿qué estás haciendo por aquí?

B ¡Hola! Pues estoy buscando algo especial para mi madre porque mañana es su cumpleaños. Y tú, ¿qué haces?

A Pues yo también ando de compras. Oye, ¿te ayudo a elegir un regalo?

B Sí, por favor. Mira este bolso. ¡Es precioso! ¡Ay, no! Cuesta doscientos euros pero ya solo me quedan cien euros.

A Si realmente se lo quieres regalar, te puedo prestar cien euros.

Actividad 5

PISTA 008

Escuche cada diálogo e indique la situación correspondiente.

1 ________ 2 ________ 3 ________ 4 ________

ⓐ Es una conversación entre una cliente y un vendedor en el mercado.
ⓑ Es un diálogo telefónico entre un cliente y una camarera de un restaurante.
ⓒ Es una conversación entre un cliente y una dependienta en una librería.
ⓓ Es un diálogo telefónico entre un paciente y una enfermera de una clínica.

Lea y escuche la siguiente carta informal y conteste a las preguntas.

Seúl, 14 de julio de 2019

Querida Cristina:

¿Cómo te va? ¿Cómo están nuestros amigos? Por aquí, yo estoy superbién, adaptándome a mi nueva vida.

Te escribo para preguntarte si te interesa intervenir en un programa televisivo conmigo este invierno. Es que un amigo que trabaja en una emisora, nos quiere invitar a su programa.

Y me parece que es una idea fenomenal para presentar nuestro país, España, en Corea del Sur y también para tener una bonita experiencia. ¿Qué te parece?

Esperando un sí, mil besos,
Paco

P.D.: Por favor, dale saludos de mi parte a tu familia.

1 ¿Quién es el destinatario?

2 ¿Quién es el remitente?

3 ¿Cuál es la relación entre los dos?

4 ¿Dónde vive Paco?

5 ¿De dónde son Paco y Cristina?

6 ¿Cuál es el propósito de la carta?

7 ¿Qué quiere decir la sigla 'P.D.' al final de una carta y cuándo se necesita?

Escriba una carta informal siguiendo las instrucciones.

Ud. quiere organizar una fiesta sorpresa para un/a amigo/a pero necesita la ayuda de unos amigos. Escriba una carta en la que debe:

- informar dónde y cuándo es la fiesta
- encargarle a cada amigo una tarea (preparar algún plato, comprar algo, elegir la música, etc.)

3 TEMA Las recetas

PISTA 010

A Carmen, me encanta esta sangría. ¿Cómo la haces?

B Es muy fácil. Primero echas una botella de vino tinto en una jarra. Luego cortas dos melocotones y una manzana en trozos, y los pones en el vino.

A ¿Y ya está?

B Después, agregas azúcar y zumo de limón.

A ¿Eso es todo?

B Aún no. Dejas la mezcla durante media hora en la nevera. Luego le pones mucho hielo, un poco de ron y gaseosa.

A ¡Estupendo! Gracias.

Actividad 8

Rellene los huecos de la siguiente receta con los ingredientes correspondientes.

La tortilla española

Ingredientes

6 patatas
5 huevos
1 cebolla
sal
aceite

Receta de la tortilla española

Paso 1 Se pelan las **1**__________, se cortan y se fríen.

Paso 2 Se corta la **2**__________ y se saltea en una sartén.

Paso 3 Se baten los **3**__________, se mezcla todo y echa **4**__________ al gusto.

Paso 4 Se añade un poco de **5**__________ a la sartén y se pone la mezcla.

Paso 5 Se hace la tortilla a fuego lento.

Actividad 9

Complete la receta del ramen coreano.

Vocabulario útil		
agregar el contenido del sobre	añadir un huevo en la olla	cocinar dos minutos más
echar los fideos	hervir el agua	revolver los fideos
servir en un bol	tapar y dejar hervir	

1

____

2

____

3

____

4

5

6

7

Se sirve en un bol.

Actividad 10

PISTA 011

Escuche y complete los espacios en blanco.

La siesta en España

En España todavía hay gente que echa la siesta después de comer. Por eso, la mayoría de las tiendas cierran entre las dos y las cuatro de la tarde. Mucha gente va a su casa a almorzar y duerme la siesta.

Los beneficios de la siesta están científicamente probados por muchos investigadores. **1** ______________ que después de la siesta mejora la actividad cerebral y aumenta el nivel de concentración.

En algunas empresas como Google, Nike, The New York Times, etc. **2** ______________ un espacio para dormir para sus empleados. El tiempo ideal para la siesta varía según los estudios entre los 20 y los 60 minutos.

3 ______________ echar la siesta tumbado, ya que con esa postura **4** ______________ más los músculos. Si uno no tiene ganas de dormir, la sola acción de cerrar los ojos puede ser beneficiosa.

VOCABULARIO Y EXPRESIONES

las acciones en progreso | 진행 중인 행위

la cocina 부엌
el/la director/a de cine 영화감독
el/la empresario/a 기업가
el/la futbolista 축구 선수
el/la novelista 소설가
el periódico 신문
la sala de estar 거실, 응접실
el/la tenista 테니스 선수
el tiempo 날씨
el uniforme escolar 교복
aburrido/a 따분한, 지겨운
típico/a 전형적인
bucear en el mar 바다에서 잠수하다
cocinar 요리하다
echar/dormir la siesta 낮잠을 자다
ir a la iglesia 교회에 가다
jugar a los videojuegos 비디오 게임을 하다
maquillarse 화장하다
merendar 간식을 먹다
mirar por la ventana 창문을 통해 보다
navegar por Internet 인터넷 서핑을 하다
parecer ~인 것 같다
pescar 낚시하다
ponerse la ropa 옷을 입다
surfear 서핑하다
tomar el sol 일광욕하다
vestirse 옷을 입다
ahora mismo 지금 당장

las amistades | 친분

la ayuda 도움
el bolso 가방, 핸드백
el/la cliente 손님
la clínica 동네 병원
el/la dependiente/a 가게 점원
el destinatario 수취인
la emisora 방송국
la fiesta sorpresa 깜짝 파티
la librería 서점
el mercado 시장
el/la paciente 환자
el programa informático 컴퓨터 프로그램
el programa televisivo 텔레비전 프로그램
el propósito 목적
el/la remitente 발신인
el/la vendedor/a 판매자
precioso/a 매우 가치 있는, 귀중한
telefónico/a 전화의
adaptarse 적응하다
andar 걷다
concertar una cita 예약을 잡다, (진료를) 예약하다
elegir 고르다
encargar 맡기다
esperar un sí 긍정적인 회신을 기다리다
informar 알리다
intervenir en 끼어들다, 참여하다
organizar 조직하다, 계획하다
presentar 소개하다
prestar 빌려주다
quedar 남다
por aquí 여기 근처에서

la receta | 요리법

el bol 대접, 큰 그릇
la botella 병

el contenido 내용물

el fideo 면, 누들

la gaseosa 탄산음료

la jarra 항아리

el melocotón 복숭아

la mezcla 혼합

la nevera 냉장고

la olla 냄비

el ramen 라면

el ron (술 종류) 론

la sal 소금

la sangría 상그리아

la sartén 프라이팬

la sigla 약어, 약어로 쓰는 첫 글자

el sobre 봉투

la tortilla española 스페인식 토르티야

el vino tinto 적포도주

el zumo 주스

agregar 첨가하다

añadir 첨가하다, 덧붙이다

aumentar 증가하다

batir 젓다, 두들기다

cortar 자르다

dejar 놓다, 내버려 두다

echar 넣다, 던지다

freír 튀기다

hervir 끓다

mezclar 섞다

pelar 껍질을 벗기다

probar 테스트하다, 맛보다

recomendar 추천하다, 충고하다

saltear 센 불에 튀기다

servir 식사를 내놓다, 섬기다

tapar 뚜껑을 덮다

variar 다양하다

a fuego lento 약한 불에

al gusto 입맛에 맞게

en trozos 조각조각으로

un poco de 조금의

más vocabulario | 기타

la acción 행위, 행동

el beneficio 혜택, 이로움

la concentración 집중력

el/la empleado/a 피고용인, 직원

el espacio 공간

el estudio 연구

el/la investigador/a 연구자

el músculo 근육

la postura 자세

beneficioso/a 이로운, 효과적인

cerebral 뇌의

estupendo/a 아주 좋은, 훌륭한

ideal 이상적인

tumbado/a 엎드린

almorzar 점심을 먹다

mejorar 개선하다, 더 좋아지게 하다

ofrecer 제공하다

relajar 긴장을 풀다

aún 아직

científicamente 과학적으로

ya que ~ 때문에

GRAMÁTICA Y EJERCICIOS

1 현재 분사 (el gerundio)

(1) 현재 분사의 규칙형은 -ar로 끝나는 동사의 경우는 -ando로 -er나 -ir로 끝나는 동사의 경우는 -iendo로 어미 활용을 합니다.

-ar → -ando		-er → -iendo		-ir → -iendo	
habl**ar** 말하다	habl**ando**	com**er** 먹다	com**iendo**	viv**ir** 살다	viv**iendo**
am**ar** 사랑하다	am**ando**	aprend**er** 배우다	aprend**iendo**	compart**ir** 공유하다	compart**iendo**
cerr**ar** 닫다	cerr**ando**	beb**er** 마시다	beb**iendo**	decid**ir** 결정하다	decid**iendo**
record**ar** 기억하다	record**ando**	pon**er** 넣다, 놓다	pon**iendo**	escrib**ir** 쓰다	escrib**iendo**
toc**ar** 연주하다	toc**ando**	v**er** 보다	v**iendo**	sal**ir** 나가다	sal**iendo**

(2) 현재 분사가 불규칙인 동사는 다음과 같습니다.

① -er/-ir 동사 어간이 모음으로 끝난 경우, -iendo가 아니라 -yendo로 변화합니다.

construir 건설하다	constru**yendo**
ir 가다	**yendo**
leer 읽다	le**yendo**
oír 듣다	o**yendo**
traer 가져오다	tra**yendo**

② -ir 동사 어간의 마지막 모음이 e일 경우, 어간 -e-가 -i-로 변화합니다.

decir 말하다	d**i**ciendo
mentir 거짓말하다	m**i**ntiendo
pedir 요청하다	p**i**diendo
sentir 느끼다	s**i**ntiendo
servir 제공하다	s**i**rviendo

③ -ir 동사 어간의 마지막 모음이 o 인 경우, 어간 -o-가 -u-로 변화합니다.

dormir 자다	durmiendo
morir 죽다	muriendo

(3) 현재 분사는 별도의 조동사 없이 단독으로 쓰여 진행되고 있는 동작을 나타내거나 다른 일반 동사와 함께 쓰여 해당 행위가 실현되는 방식이나 동시에 일어나는 다른 행위를 나타내기도 합니다.

A ¿Qué haces? 너 뭐 해?

B **Leyendo** correos electrónicos. 이메일을 읽고 있는 중이야.

Marta se ha marchado **llorando** esta mañana.
마르타는 오늘 아침 울면서 떠났다.

Mi abuela se duerme **viendo** la tele. (= Mi abuela se duerme mientras ve la tele.)
할머니는 TV를 보시면서 졸고 계신다.

(4) 현재 분사가 특정 동사와 함께 쓰여 새로운 의미를 갖기도 합니다.

① llevar + 현재 분사: '~한 지 (시간이) ~되었다'는 뜻으로 과거부터 현재까지 지속되어 왔고 앞으로도 계속될 것이라는 의미를 나타냅니다.

A ¿Cuánto tiempo **llevas viviendo** en este barrio? 너 이 동네 산 지 얼마나 되었니?

B Llevo tres años. 3년 됐어.

② seguir/continuar + 현재 분사: '계속 ~하고 있다'는 뜻을 나타냅니다.

A ¿**Sigues saliendo** con Javier? 너 하비에르와 계속 사귀니?

B Sí, **sigo saliendo** con él. 응, 계속 사귀고 있어 .

Ejercicio 1

괄호 안의 동사를 알맞은 현재 분사형으로 바꾸어 쓰세요.

1 Mis hijos se divierten ______________ (tocar) el piano.

2 Llevamos tantos años ______________ (compartir) todo con nuestros vecinos.

3 Yo sigo ______________ (sentir) un fuerte dolor de cabeza.

4 Pedro nunca estudia ______________ (oír) música.

5 Vosotros ensuciáis la habitación ______________ (traer) tantas cosas.

6 Tú no puedes estudiar ______________ (escuchar) música.

7 Llevamos media hora ______________ (esperar) el autobús.

8 Adriana come siempre ______________ (leer) libros.

2 현재 진행 ('estar' + gerundio)

(1) 'estar 동사 현재형 + 현재 분사'를 사용하여 현재 진행 시제를 나타냅니다. 이때 현재 분사는 동사구의 일부로 사용되었기 때문에 주어에 따른 성·수 변화를 하지 않습니다.

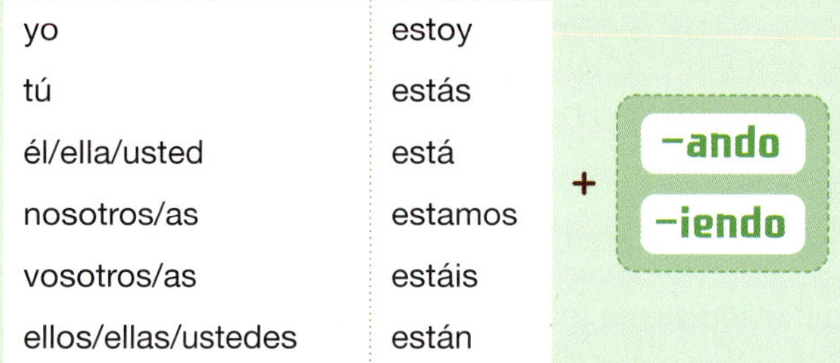

yo	estoy
tú	estás
él/ella/usted	está
nosotros/as	estamos
vosotros/as	estáis
ellos/ellas/ustedes	están

\+ -ando / -iendo

A ¿Qué **estás haciendo** tú aquí? 너는 여기서 뭐 하고 있는 거니?
B Pues, solo **estoy mirando** por la ventana. 음, 그냥 창문 너머 바라보고 있어.

Marta **está tocando** el piano sin mirar la partitura. 마르타는 악보를 보지 않고 피아노를 치고 있다.
Estamos perdiendo el tiempo, pensando. 우리는 생각만 하면서 시간을 헛되이 보내고 있다.
Vosotros **estáis haciendo** mucho ruido. 너희들은 많은 소음을 내고 있구나.

(2) 화자가 말하는 그 순간에 진행되고 있는 행위를 표현할 때 현재 진행 시제를 씁니다.

A ¿Qué **estáis haciendo** ahora? 지금 너희들 뭐 하고 있니?
B **Estamos yendo** a un concierto. 우리는 콘서트에 가는 중이야.

Ahora mismo ellos **están saliendo** de casa. 그들은 바로 지금 집을 나서고 있다.
Mi esposa **está escribiendo** la lista de la compra. 내 아내가 구매 목록을 작성하고 있다.
¿Entiendes lo que **estoy diciendo** ahora? 너 지금 내가 말하고 있는 거 이해하니?

Ejercicio 2

다음 중 주어진 장소에 가장 어울리는 진행 표현을 찾아 연결하세요.

1	en la iglesia	ⓐ	duchándose
2	en la clase del español	ⓑ	rezando a Dios
3	en el probador de ropa	ⓒ	conjugando verbos
4	en el mercado	ⓓ	comiendo pizzas ricas
5	en el baño	ⓔ	desvistiéndose o vistiéndose
6	en el restaurante italiano	ⓕ	vendiendo frutas y verduras

Ejercicio 3

괄호 안의 동사를 알맞은 현재 진행형으로 바꾸세요.

1 Yo ____________ ____________ (tomar) el sol.

2 Los obreros ____________ ____________ (construir) un puente.

3 Mis abuelos ____________ ____________ (dormir) en la playa.

4 Nosotros ____________ ____________ (sacar) fotos.

5 Tú no ____________ ____________ (decir) la verdad.

6 El Sr. González ____________ ____________ (leer) sus correos electrónicos.

7 Vosotros ____________ ____________ (poner) la mesa en el comedor.

8 Los niños ____________ ____________ (hacer) castillos de arena.

Ejercicio 4

괄호 안의 동사를 현재 진행형으로 바꿔 빈칸을 채우세요.

보기

Generalmente, Marta desayuna sola por la mañana. Pero ahora Marta está desayunando (desayunar) con su hermana.

1 Casi siempre, Marta estudia en la biblioteca después de las clases. Pero en este momento Marta ____________ ____________ (charlar) con su mejor amiga Pilar.

2 De lunes a viernes, la hermana de Marta llega al trabajo a las ocho de la mañana. Pero hoy ella ____________ ____________ (descansar) en casa.

3 Normalmente, toda mi familia cena a las ocho de la noche. Pero hoy a esta hora todos nosotros ____________ ____________ (ver) la televisión.

4 Casi todas las noches Marta le manda mensajes de texto a su novio. Pero esta noche Marta ____________ ____________ (jugar) a los videojuegos.

5 Con frecuencia, la abuela de Marta mira su programa favorito de la tele a las siete. Pero hoy ella ____________ ____________ (oír) la radio.

3 목적격 대명사의 종류 (los tipos de pronombres de complemento)

		재귀 대명사 (자신을/자신에게)	간접 목적격 대명사 (~에게)	직접 목적격 대명사 (~을/를)
단수	1인칭	me	me	me
	2인칭	te	te	te
	3인칭	se	le (se)	lo/la
복수	1인칭	nos	nos	nos
	2인칭	os	os	os
	3인칭	se	les (se)	los/las

(1) 1, 2인칭 간접 목적격 대명사는 직접 목적격 대명사와 형태가 같아서 문맥상 의미로 구분합니다.

¿**Me** mandas un mensaje de texto? 나에게 문자 할 거지?
간접 목적격 대명사

¿**Me** quieres? 나를 사랑하니?
직접 목적격 대명사

(2) 간접 목적어가 3인칭인 경우, 간접 목적격 대명사를 쓰고 '전치사 a + 명사' 형태를 첨가하여 간접 목적어가 가리키는 대상을 명확하게 나타내기도 합니다.

Yo **le** doy un regalo **a mi novia** en su cumpleaños. 나는 여자 친구에게 생일날 선물을 준다.

A mi padre le gusta pescar. 우리 아빠는 낚시를 좋아하셔.

(3) 두 개 이상의 목적격 대명사가 함께 쓰일 경우 '재귀 대명사 + 간접 목적격 대명사 + 직접 목적격 대명사'의 순서이나, 세 개의 대명사가 한꺼번에 나오는 경우는 거의 없습니다.

Me la pongo ahora. 지금 내가 그것을 입을게.
재귀 직·목

Te lo enseño yo. 내가 네게 그것을 보여 주지.
간·목 직·목

(4) 3인칭 간접 목적격 대명사 le/les 뒤에 3인칭 직접 목적격 대명사 lo/la/los/las가 올 경우 le/les를 se로 바꿔 씁니다.

A ¿Vas a darle este anillo a María? 너 마리아에게 이 반지 줄 거지?

B Sí, **se lo** voy a dar. = Sí, voy a dár**selo**. (O) 응, 그녀에게 그것을 줄 거야.
Sí, le lo voy a dar. = Sí, voy a dárlelo. (X)

(5) 두 개 이상의 동사로 구성된 동사구에 동사 원형이나 현재 분사가 포함될 경우, 목적격 대명사를 동사구 앞에 쓰거나 또는 동사 원형이나 현재 분사 뒤에 붙여 씁니다. 목적격 대명사가 동사 원형이나 현재 분사 뒤에 올 경우, 동사의 원래 강세 위치를 유지 하기 위해 강세 표시를 하는 경우가 있으니 주의해야 합니다.

Te lo voy a decir. 나는 너에게 그것을 말해 줄 거다.
= Voy a decír**telo**.

No **te lo** estoy diciendo. 내가 너에게 그런 말을 하고 있는 게 아니야.
= No estoy diciéndo**telo**.

Nos la estamos poniendo. 우리는 그것을 입고 있다.
= Estamos poniéndo**nosla**.

주의 다만 'haber 동사 + 과거 분사'로 구성되는 현재 완료 시제와 함께 쓰일 경우는 목적격 대명사의 위치는 동사구 앞에만 쓸 수 있습니다.
Ya te lo he dado. ¿No lo recuerdas? 이미 네게 줬잖아. 기억 안 나?
Ya he dádotelo. (X)

Ejercicio 5

다음 질문에 〈보기〉와 같이 목적격 대명사와 동사 원형을 포함한 동사구를 사용하여 대답하세요.

보기

A ¿Le vas a contar la historia a Julia?

B Sí, se la voy a contar. / Sí, voy a contársela.

1 ¿Queréis ver a Carlos?
→ No, ______________________.

2 ¿Cuándo vas a regalarle a tu novia un anillo de oro?
→ ______________________ en su cumpleaños.

3 ¿Cuándo vas a quitarte la bufanda?
→ ______________________ porque ahora todavía tengo frío.

4 ¿Me puedes dejar tus apuntes?
→ Claro que sí. ______________________ después de la clase.

5 Profesora, ¿cuándo nos va a enseñar el gerundio?
→ ______________________ en la próxima clase.

6 Mamá, ¿cuántas veces al día tenemos que cepillarnos los dientes?
→ ______________________ al menos tres veces al día.

Ejercicio 6

다음 질문에 〈보기〉와 같이 목적격 대명사와 현재 분사를 포함한 동사구를 사용하여 대답하세요.

> **보기**
>
> **A** ¿Estás acabando la composición?
>
> **B** Sí, la estoy acabando. / Sí, estoy acabándola.

1 ¿Estáis sirviendo la comida a los invitados?
→ No, ______________________.

2 ¿Cuándo quieres sacar la basura?
→ Ahora ______________________.

3 ¿Por qué le está leyendo la mamá el libro al bebé?
→ ______________________ para hacerlo dormir.

4 ¿Por qué está lavándose el pelo Julio?
→ ______________________ para salir esta noche.

5 ¿Cuánto tiempo llevas estudiando español?
→ ______________________ seis meses.

Ejercicio 7

다음 질문에 목적격 대명사와 과거 분사를 포함한 동사구를 사용하여 대답하세요.

> **보기**
>
> **A** ¿Has visto a Pedro?
>
> **B** Sí, lo he visto.

1 ¿A qué hora te has despertado esta mañana?
→ ______________________ a las siete de la mañana.

2 ¿Les ha dicho Ud. la verdad a sus padres ya?
→ No, ______________________ todavía.

3 ¿Todavía no has puesto la mesa?
→ Sí, ya ______________________. La cena está lista.

4 ¿Os habéis secado el pelo con el secador o con la toalla?
→ ______________________ con el secador.

4 수동의 se와 무인칭의 se (el 'se' pasivo y el 'se' impersonal)

(1) 수동의 se는 수동문에서 행위자를 명시하지 않는 경우 사용됩니다. 이러한 se의 용법으로 사용될 수 있는 동사는 타동사에 한정됩니다. 이때 주어는 항상 3인칭이며 주로 동사 뒤에 쓰고 주어와 동사는 단·복수를 일치하여 씁니다.

Se alquilan pisos. 아파트를 세놓습니다.

Se hace la paella a fuego lento. 파에야는 약한 불에서 완성됩니다.

(2) 무인칭의 se는 '사람들이 ~한다'는 의미입니다. 타동사 및 자동사 모두 무인칭의 se를 사용할 수 있습니다. 문법적인 주어는 표시하지 않으며, 동사는 항상 3인칭 단수형입니다. 해당 표현은 se 없이 동사를 3인칭 복수로 쓴 표현으로 대체할 수 있습니다.

Se busca a los testigos del crimen. (사람들이) 범죄의 목격자들을 찾는다.
= **Buscan**

¿**Se puede nadar** en el lago? 강에서 (사람들이) 수영해도 됩니까?
= **Pueden nadar**

Se dice que el sueldo mínimo va a subir un 5% este año.
= **Dicen**
(사람들이) 올해 최저 임금이 5% 상승할 것이라고 말한다.

Ejercicio 8

다음 문장에서 직접 목적어에 밑줄을 긋고 해당 문장을 수동의 se를 써서 바꾸어 보세요.

1 Fabrican perfumes de lavanda allí.
→ ______________________________.

2 En ese restaurante preparan muy bien la paella.
→ ______________________________.

3 Van a celebrar el acto de inauguración este sábado.
→ ______________________________.

4 Reparten las cartas certificadas entre la una y las cuatro.
→ ______________________________.

5 Van a construir el estadio el año que viene.
→ ______________________________.

Ejercicio 9

다음 문장을 무인칭의 se를 써서 바꾸어 보세요.

1 Cualquier persona necesita tener visado para viajar a aquel país.
→ ____.

2 Algunos dicen que tú no te encuentras bien.
→ ____.

3 La gente supone que el presidente va a dar un discurso mañana.
→ ____.

4 Todo el mundo puede aprender español sin vivir en un país hispanohablante.
→ ____.

5 En Corea la gente usa palillos en vez de tenedor cuando come.
→ ____.

Ejercicio 10

다음 표지판에 알맞은 무인칭 se구문을 연결하세요.

1  • • ⓐ En este teatro no se debe traer comida ni bebida.

2  • • ⓑ En este museo no se puede sacar fotos.

3  • • ⓒ El agua es potable. Se puede beber.

4  • • ⓓ Se debe llevar a los perros sujetos.

LECCIÓN 3

¿Qué hiciste ayer?

TEMAS

- Acciones pasadas
- Los momentos especiales
- Los mejores del mundo

FUNCIONES

- Hablar de las acciones pasadas
- Narrar las acciones acabadas en orden
- Contar la historia personal
- Hablar de los mejores del mundo

GRAMÁTICA

- El pretérito indefinido I
- Los exclamativos
- Los superlativos
- 'por' vs. 'para'

TEMAS Y ACTIVIDADES

Acciones pasadas

PISTA **012**

Ayer me levanté a las nueve.

Me duché en diez minutos.

Desayuné a las nueve y media.

A las diez menos cuarto salí a la calle.

Compré el periódico en el quiosco.

Llamé a una amiga que vive cerca.

Los dos paseamos un rato.

Tomamos un café y charlamos.

A las dos la dejé en su casa.

Regresé a casa.

Luego, comí fuera con mi familia.

Después eché una siesta un rato.

Por la tarde, volví a salir a ver una película con unos amigos del barrio.

Después, tomamos unas tapas y unos vinos en un bar.

Lo pasé muy bien.

Actividad 7

Marque las actividades que usted hizo el fin de semana pasado y compare las de su compañero/a.

Modelo

A ¿Estudiaste para el curso de español el fin de semana pasado?

B Sí, estudié para el curso de español el fin de semana pasado. /
No, no estudié para el curso de español el fin de semana pasado.

	Actividades	tú	tu compañero/a
1	estudiar para el curso de español		
2	salir a caminar con un/a amigo/a		
3	asistir a una reunión de estudiantes		
4	tocar algún instrumento musical		
5	comer en un restaurante elegante con alguien		
6	limpiar el piso		
7	leer una novela		
8	acostarse muy tarde		

Relacione cada afirmación con la pregunta correspondiente.

1 A Anoche comí en un restaurante elegante.
B ______________________

2 A El lunes pasado no asistí a clases.
B ______________________

3 A Recibí mi sueldo la semana pasada.
B ______________________

4 A Anoche llamé a mi prima por teléfono.
B ______________________

5 A Ayer toqué la guitarra en casa toda la noche.
B ______________________

6 A Visité a mis abuelos el domingo pasado.
B ______________________

ⓐ ¿Te quedaste hasta muy tarde?
ⓑ ¿Por qué? ¿Qué te pasó?
ⓒ ¿Hablaste mucho tiempo con ella?
ⓓ ¿No se quejaron los vecinos?
ⓔ ¿Te gustó la comida?
ⓕ ¿Y ya gastaste todo el dinero o lo ahorraste?

Actividad 3

Relacione cada tarea doméstica con la descripción correspondiente.

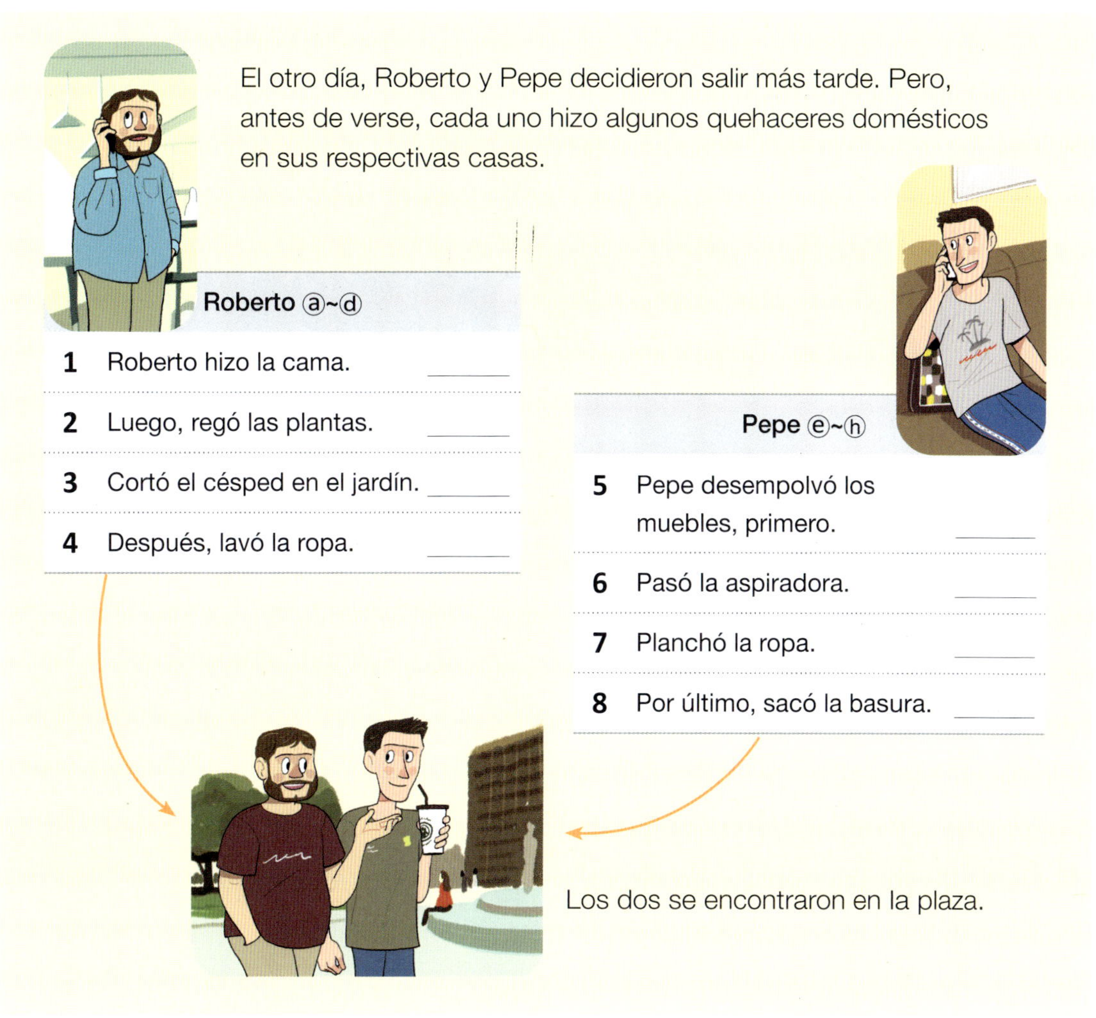

El otro día, Roberto y Pepe decidieron salir más tarde. Pero, antes de verse, cada uno hizo algunos quehaceres domésticos en sus respectivas casas.

Roberto ⓐ~ⓓ		
1	Roberto hizo la cama.	______
2	Luego, regó las plantas.	______
3	Cortó el césped en el jardín.	______
4	Después, lavó la ropa.	______

Pepe ⓔ~ⓗ		
5	Pepe desempolvó los muebles, primero.	______
6	Pasó la aspiradora.	______
7	Planchó la ropa.	______
8	Por último, sacó la basura.	______

Los dos se encontraron en la plaza.

Roberto

ⓐ ⓑ

ⓒ ⓓ

Pepe

ⓔ ⓕ

ⓖ ⓗ

TEMA 2

Los momentos especiales

PISTA 013

A ¿Recuerdas la primera vez que probaste la comida mexicana?

B Sí, la probé hace un año.

A ¿Qué te pareció?

B Me gustó mucho. Pero me pareció muy picante.

A ¿Podemos ir a un restaurante mexicano si hay alguno cerca de aquí?

B Sí, hay uno en la calle Principal. Te invito. Vamos.

Actividad 4

Hable con su compañero/a sobre la última vez en que hizo las siguientes actividades.

Modelo

• escribir una carta a mano

A ¿Cuándo escribiste una carta a mano por última vez?

B Escribí una carta a mano hace dos meses por última vez. ¿Y tú?

A Pues yo le escribí una ayer a mi novio.

¿Cuándo .... por última vez?

1. hablar por teléfono con tus padres
2. llorar a gritos
3. subir a la montaña
4. cocinar para alguien especial
5. faltar a clase
6. alegrarse por algo
7. ganar un premio

Vocabulario útil	
ayer	el lunes pasado
anoche	hace un año
anteayer	hace dos semanas
el año pasado	el otro día
la semana pasada	en 2015

Actividad 5

Escuche el siguiente texto sobre lo que hizo Pablo anoche y rellene los espacios en blanco con los verbos de pretérito indefinido.

PISTA 014

Anoche Pablo salió con su novia Josefina para ir a una fiesta. Ellos **1** ____________ a la fiesta a las diez. Cuando Pablo entró, se **2** ____________ con Luis Rodríguez, un colega de la compañía donde **3** ____________ hace unos años. Lo **4** ____________ y **5** ____________ a la terraza a charlar de aquellos tiempos en la compañía. Más tarde Pablo **6** ____________ mucho con Josefina y **7** ____________ varias copas de vino. **8** ____________ a casa un poco borracho pero muy contento.

Actividad 6

Entreviste a su compañero/a sobre sus experiencias.

1 ¿A qué hora cenaste anoche? Después de cenar, ¿qué hiciste para relajarte? ¿Oíste música? ¿Leíste el periódico? ¿Qué otra cosa hiciste?

2 ¿Cuándo entraste en la universidad? ¿Qué clases tomaste en tu primer año? ¿Te apuntaste a algún club de estudiantes? ¿A cuál?

3 ¿Cómo celebraste tu último cumpleaños? ¿Con quién lo celebraste? ¿Qué hiciste?

4 ¿El fin de semana saliste con amigos o te quedaste en casa? ¿Te divertiste mucho? ¿Descansaste lo suficiente? ¿Qué más hiciste?

Actividad 7

Hable con su compañero/a sobre lo que hizo usted en las siguientes ocasiones.

Modelo

A ¿Qué hiciste el día de San Valentín?

B Pues, nada. Jugué a los videojuegos en casa. ¿Y tú?

A Yo salí con mi novia.

Ocasión	tú	tu compañero/a
1 el Día de Año Nuevo		
2 en Navidad		
3 el último aniversario de matrimonio de tus padres		
4 para celebrar tu graduación de la escuela secundaria		
5 para celebrar los cien primeros días de noviazgo		

3 TEMA Los mejores del mundo

PISTA 015

A En tu opinión, ¿quién es el mejor cantante del mundo?

B Para mí, el mejor cantante es Luis Miguel.

A ¿Por qué?

B Porque sus canciones tienen letras muy románticas y además tiene una voz muy dulce. Me gusta muchísimo. ¡Qué bien canta!

A A mí me encanta Luis Fonsi.

B ¿Cuál es su canción más famosa?

A Es *Despacito*.

Actividad 8

Hable con su compañero/a sobre gente famosa en las siguientes categorías.

1. En tu opinión, ¿quién es el mejor escritor actual y por qué? ¿Cuál es su obra más reconocida?
2. En tu opinión, ¿quién es el mejor actor de Corea del Sur y por qué? ¿En qué películas/telenovelas sale?
3. En tu opinión, ¿quién es el mejor deportista de Hispanoamérica y por qué? ¿En qué deporte sobresale?
4. En tu opinión, ¿quién es el mejor pintor de todos los tiempos y por qué? ¿Cómo se llama su obra más reconocida?

Actividad 9

Complete los espacios en blanco según los datos de los mejores jugadores de voleibol.

Nombre	Javier	Miguel	Julio
Edad	31	24	28
Altura	197cm	205cm	209cm
Peso	84kg	109kg	96kg
Puesto	2	3	1

Modelo

Julio es el (jugador) más alto. Mide dos metros nueve centímetros.

1 ____________ es el más pesado. Pesa ____________ kilos.

2 ____________ es el mayor. Tiene ____________ años.

3 ____________ es el menor. Tiene ____________ años.

4 ____________ es el mejor jugador de los tres. Ocupa el primer puesto.

5 ____________ es cuatro años mayor que Miguel.

6 ____________ pesa ____________ kilos más que Julio.

Actividad 10

Lea y escuche las siguientes descripciones y relacione cada una de ellas con la exclamación correspondiente.

PISTA 016

1 En Xochimilco, México hay una isla conocida como la Isla de las Muñecas, donde hay muñecas colgadas de los árboles. ______

2 El Salar de Uyuni, en Bolivia, es el desierto de sal más grande del mundo. Entre los meses de enero y marzo, el salar refleja las nubes y no se distingue el cielo de la tierra. ______

3 La Sagrada Familia es una basílica católica de Barcelona en España, diseñada por el arquitecto Antoni Gaudí e iniciada en 1882. Todavía está en construcción. ______

4 La Amazonía es el bosque tropical más grande del mundo. Se extiende por nueve países suramericanos y su extensión llega a los siete millones de kilómetros cuadrados. ______

ⓐ ¡Qué hermoso es el paisaje!

ⓑ ¡Cuánto tiempo están tardando!

ⓒ ¡Qué miedo me da!

ⓓ ¡Qué grande es la superficie que ocupa!

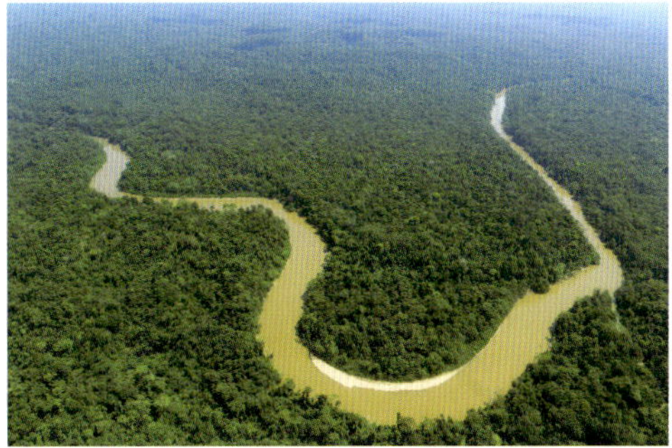

VOCABULARIO Y EXPRESIONES

las acciones pasadas | 지난 일들, 지난 행동

el barrio 동네

la cita 약속

el instrumento musical 악기

el mueble 가구

la plaza 광장

el quehacer 해야할 일

el quiosco 가판대

la reunión de estudiantes 학생 모임, 학생 회의

el sueldo 월급

la tapa (주로 복수) 타파스(안주)

la tarea doméstica 집안일

el vecino 이웃

pasado/a 지난, 과거의

ahorrar 저축하다, 아끼다

charlar 잡담하다

comer fuera 외식하다

cortar el césped 잔디를 깎다

decidir + *inf.* ~하는 것으로 결정하다

dejar (+ a alguien en su casa) (누구를 집에) 데려다주다

desempolvar 먼지를 제거하다

gastar 소비하다

hacer la cama 잠자리를 펴다, 침대를 정리하다

lavar la ropa 옷을 세탁하다

limpiar el piso 바닥을 닦다

pasar la aspiradora 진공청소기를 돌리다

pasarlo bien/mal 즐겁게 보내다/보내지 못하다

pasear un rato 잠깐 산책하다

planchar la ropa 옷을 다리다

quedarse 머물다

quejarse 짜증내다, 불평하다

regar las plantas 식물에 물을 주다

sacar la basura 쓰레기를 내다 버리다

volver a + *inf.* 다시 ~하다

anoche 어젯밤(에)

ayer 어제

cerca 가까이에, 근처에

primero 첫째로

el fin de semana pasado 지난 주말(에)

la semana pasada 지난주(에)

mucho tiempo 많은 시간(동안)

por último 마지막으로

toda la noche 밤새 내내

un rato 잠깐 동안

los momentos especiales | 특별한 순간들

el aniversario 기념일

el bar 바, 주점

el club de estudiantes 학생 클럽, 동아리

el/la colega 학우, 동료

la compañía 회사

la copa 컵, 잔

la graduación 졸업

el noviazgo 연인 관계

la primera vez 첫 번째, 처음

la terraza 테라스

borracho/a 술 취한

picante 매운

acostarse 잠자리에 들다

alegrarse por (+ algo) ~로 기쁘다

apuntarse a (+ institución, grupo)
(기관, 단체)에 가입하다

descansar 쉬다, 휴식을 취하다

encontarse (복수 주어) 서로 만나다

encontrarse con (+ alguien) 누구와 우연히 만나다

entrar en (+ lugar, institución) ~에 들어가다

escribir a mano 손으로 적다

faltar a clase 수업을 빠지다

ganar un premio 상을 받다

llorar a gritos 울부짖다

probar 맛보다, 시험 삼아 해 보다

relajarse 느긋해지다

saludar 안부를 묻다

subir a la montaña 산을 오르다

anteayer 그저께

aquellos tiempos 그 시절(에)

el año pasado 작년(에)

el lunes pasado 지난 월요일(에)

el otro día 그 전날(에)

hace (+ expresión de tiempo) ~전에

hace dos semanas 이 주 전에

hace un año 일 년 전에

lo suficiente 충분히

los mejores del mundo | 세상 최고의 것/사람들

el árbol 나무

el/la arquitecto/a 건축가

la basílica 대성당

el bosque 숲

el centímetro 센티미터

el cielo 하늘

el desierto 사막

la escuela secundaria 중(고등)학교

la extensión 범위

la isla 섬

el kilo 킬로

la letra 문자, 노래 가사

el metro 미터

el miedo 공포, 두려움

el mundo 세계, 세상

la muñeca 인형

la nube 구름

la obra 작품, 저작

la opinión 의견

el paisaje 경치

el puesto 순위

la sal 소금

el salar 염전

la selva 정글

la superficie 표면, 면적

la tierra 땅

el voleibol 배구

kilómetros cuadrados 제곱킬로미터 (km^2)

católico/a 가톨릭의

colgado/a de ~에 매달린

el/la mejor (+ sustantivo) 가장 좋은

reconocido/a 잘 알려진, 유명한

sagrado/a 성스런

tropical 열대의

diseñar 디자인하다

distinguir 구별하다

estar en construcción 건설 중이다

extenderse 펼쳐지다, 뻗어 있다

iniciar 시작하다

reflejar 비추다

tardar (시간이) 걸리다

despacito 아주 느리게, 천천히

GRAMÁTICA Y EJERCICIOS

1 완료 과거 I (el pretérito indefinido I)

(1) 완료 과거 규칙 동사는 어간의 변화는 없고, 어미만 문장 주어의 인칭에 따라 변화합니다. -er 동사와 -ir 동사는 동일한 형태로 어미가 변화합니다.

habl**ar** 말하다	
yo	habl**é**
tú	habl**aste**
él/ella/usted	habl**ó**
nosotros	habl**amos**
vosotros	habl**asteis**
ellos/ellas/ustedes	habl**aron**

amar 사랑하다
bailar 춤추다
caminar 걷다
cantar 노래하다
cerrar 닫다
comprar 사다
contar 얘기하다, 수를 세다
enseñar 가르치다
estudiar 공부하다
llevar 데려다주다, 가져가다
manejar 운전한다
mostrar 보여 주다
nadar 수영하다
pensar 생각하다
recomendar 추천하다
recordar 기억하다
terminar 끝내다
tomar (섭)취하다, 타다, 먹다
viajar 여행하다

com**er** 먹다	
yo	com**í**
tú	com**iste**
él/ella/usted	com**ió**
nosotros	com**imos**
vosotros	com**isteis**
ellos/ellas/ustedes	com**ieron**

aprender 배우다
beber 마시다
comprender 이해하다
deber (+ *inf.*) ~해야 하다
devolver 돌려주다, 반납하다
entender 이해하다
morder 물다
mover 움직이다
perder 잃다
vender 팔다
volver 돌아오다, 돌아가다

sal**ir** 나가다	
yo	sal**í**
tú	sal**iste**
él/ella/usted	sal**ió**
nosotros	sal**imos**
vosotros	sal**isteis**
ellos/ellas/ustedes	sal**ieron**

abrir 열다
asistir (+ a) (수업)에 참석하다
compartir 공유하다
decidir 결정하다
escribir 쓰다

Compré mucha ropa en el almacén ayer. 나는 어제 백화점에서 많은 옷을 샀다.
Pedro **movió** el sofá solo. 페드로는 소파를 혼자 옮겼다.
Asistimos a la conferencia el martes pasado. 우리는 지난 화요일에 학회에 참석했다.

(2) -car, -gar, -zar로 끝난 동사들은 발음상의 이유로 1인칭 단수형에서 철자의 변화가 있습니다.

-c- → -qu-	**buscar** 찾다
yo	bus**qué**
tú	busc**aste**
él/ella/usted	busc**ó**
nosotros	busc**amos**
vosotros	busc**asteis**
ellos/ellas/ustedes	busc**aron**

colocar 배치하다
explicar 설명하다
practicar 연습하다
sacar 꺼내다
tocar 연주하다, 만지다

-g- → -gu-	**llegar** 도착하다
yo	lle**gué**
tú	lleg**aste**
él/ella/usted	lleg**ó**
nosotros	lleg**amos**
vosotros	lleg**asteis**
ellos/ellas/ustedes	lleg**aron**

entregar 제출하다
jugar 놀다, 경기를 하다
pagar 지불하다

-z- → -c-	**cruzar** 건너다
yo	cru**cé**
tú	cruz**aste**
él/ella/usted	cruz**ó**
nosotros	cruz**amos**
vosotros	cruz**asteis**
ellos/ellas/ustedes	cruz**aron**

almorzar 점심 먹다
adelgazar 살을 빼다
comenzar 시작하다
empezar 시작하다

Busqué la llave toda la mañana. 나는 열쇠를 오전 내내 찾았다.
No nos **explicaste** el porqué de tu reacción. 너는 우리에게 네가 그렇게 반응한 이유에 대해 설명하지 않았어.
Llegué demasiado tarde a la reunión. 나는 모임에 너무 늦게 도착했다.
Las niñas **jugaron** al escondite toda la tarde. 여자아이들이 오후 내내 숨바꼭질을 했다.
Adelgacé mucho el verano pasado. 지난여름에 나는 살을 많이 뺐다.

(3) -er, -ir 동사의 어간이 모음으로 끝날 경우, 발음상의 이유로 3인칭 단·복수형에서 모음 -i-가 -y-로 바뀝니다.

leer 읽다	
yo	leí
tú	leíste
él/ella/usted	leyó
nosotros	leímos
vosotros	leísteis
ellos/ellas/ustedes	leyeron

creer 믿다
oír 듣다

Sandra **leyó** toda la novela en tres horas. 산드라는 그 소설책을 세 시간 만에 다 읽었다.

¿**Oyeron** Uds. los truenos anoche? 여러분은 어젯밤 천둥소리를 들으셨나요?

Pablo **creyó** en Papá Noel hasta los diez años. 파블로는 열 살 때까지 산타할아버지의 존재를 믿었다.

(4) hacer 동사는 어간이 hic-로 변하는 불규칙 동사입니다.

hacer 하다	
yo	hice
tú	hiciste
él/ella/usted	hizo
nosotros	hicimos
vosotros	hicisteis
ellos/ellas/ustedes	hicieron

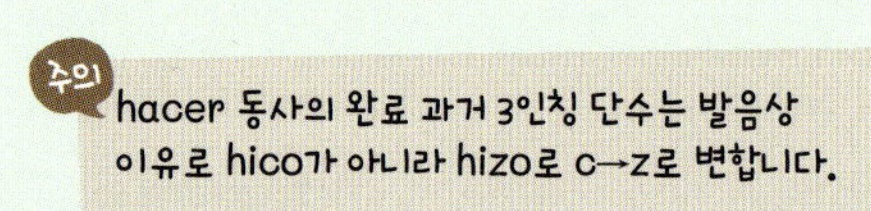

Hice todos los deberes antes de acostarme. 나는 잠자러 가기 전에 모든 숙제를 마쳤다.

Juanito **hizo** un nuevo amigo en el colegio. 후아니토는 학교에서 새로운 친구를 사귀었다.

(5) 완료 과거형은 이미 완료된 동작이나 완료된 상태를 나타냅니다. 과거 기간이 명시된 경우도 이미 끝난 완료 상태이므로 완료 과거형을 씁니다.

Ese actor famoso **llegó** a Seúl hace dos días. 그 유명 배우는 이틀 전에 서울에 도착했다.

Nosotros **comimos** juntos en un restaurante italiano. 우리들은 이탈리아 식당에서 함께 점심을 먹었다.

Empezaste a aprender a leer a los 5 años. 너는 5세에 글을 읽는 것을 배우기 시작했다.

Cervantes **nació** en 1547. 세르반테스는 1547년에 태어났다.

Yo **viví** en Argentina tres años. 나는 아르헨티나에서 3년간 살았다.

Elena **estudió** toda la noche para un examen. 엘레나는 시험을 위해 밤새도록 공부했다.

Ejercicio 1

다음 문장에 주어진 동사를 완료 과거형로 변화시켜 문장을 완성하세요.

1 El avión ________________ (salir) anoche con mucho retraso.

2 Ayer por la tarde Juan y yo ________________ (beber) mucho.

3 Durante el viaje yo ________________ (sacar) muchas fotos.

4 Los chicos ________________ (acostarse) muy tarde.

5 ¿Vosotros ________________ (leer) esa novela de García Márquez?

6 ¿Ayer tú ________________ (quedarse) todo el día en casa?

Ejercicio 2

다음 문장을 〈보기〉와 같이 완료 과거형으로 바꾸세요.

> **보기**
>
> Hoy almuerzo marisco y ternera.
>
> → Ayer almorcé marisco y ternera.

1 Hoy ellos regresan a casa muy tarde.
→ Anoche ____.

2 Él se levanta a las once de la mañana.
→ Ayer ____.

3 ¿Qué perdéis hoy?
→ ¿____ el fin de semana pasado?

4 Ahora mis amigos leen una novela de Isabel Allende.
→ El mes pasado ____.

5 Vosotros no me contáis nada de esa historia.
→ Anteayer ____.

6 Este año tomamos clases de lengua y literatura.
→ El año pasado ____.

7 Hoy llueve mucho y no hace buen tiempo.
→ El domingo pasado ____.

Ejercicio 3

다음 빈칸에 알맞은 동사를 찾아 완료 과거형으로 바꾸세요.

bajarse	enfadarse	equivocarse	esperar	llegar	pagar	salir

Ayer yo **1**________________ a las once de la mañana a ver a un amigo en un restaurante del centro de la ciudad. Pero **2**________________ de autobús. Al saberlo, **3**________________ para cambiar por el otro autobús. En la parada de autobús **4**________________ más de un cuarto de hora. **5**________________ (yo) media hora tarde al restaurante. Mi amigo **6**________________ un poco conmigo por el retraso. Después de comer divinamente, yo **7**________________ la cuenta para disculparme. Así nos quedamos en paz.

Ejercicio 4

다음 각 문제에 주어진 단어들을 이용하여 완료 과거 시제의 한 문장으로 표현해 보세요.

1 una mesa / Pablo / en un restaurante vasco / reservar

→ ____.

2 mirar / vosotros / para pedir la comida / la carta

→ ____.

3 la paella y la chuleta de cordero / nos / el camarero / recomendar

→ ____.

4 compartir / mi familia / la paella / con los vecinos

→ ____.

5 Elena y yo / chuleta / comer

→ ____.

6 cerveza / beber / nadie

→ ____.

2 감탄사 (los exclamativos)

(1) 상태, 정도, 품질에 대해서 감탄을 표현할 때는 감탄사 qué를 사용합니다.

¡ **Qué** + 명사 / 형용사 / 부사 (+ 동사 + 주어) !

Esta rosa es muy bonita. 이 장미는 예쁘다.
→ ¡**Qué** bonita es esta rosa! 이 장미는 정말로 예쁘네!

Manolo habla muy bien inglés. 마놀로는 영어를 아주 잘한다.
→ ¡**Qué** bien habla inglés Manolo! 마놀로 영어 정말 잘하네!

Hoy hace mucho calor. 오늘은 날씨가 덥다.
→ ¡**Qué** calor hace hoy! 날씨가 오늘 정말 덥네!

(2) 수나 양에 대한 감탄을 표현할 때는 감탄사 cuánto를 이용합니다. 이때, cuánto는 가리키는 대상이 명사일 경우 명사의 성·수에 일치하여 cuánto/a, cuántos/as로 변화합니다.

¡ **Cuánto** + 동사 (+ 주어) !

¡ **Cuánto / Cuánta / Cuántos / Cuántas** + 명사 (+ 동사 + 주어) !

Este niño llora mucho. 이 아이는 많이 운다.
→ ¡**Cuánto** llora este niño! 이 아이 정말 많이 우네!

En este parque hay muchos árboles. 이 공원에는 나무가 많다.
→ ¡**Cuántos** árboles hay en este parque! 이 공원에는 정말 나무가 많네!

Yo tengo mucha hambre. 나는 무척 배고프다.
→ ¡**Cuánta** hambre tengo! 나 정말 많이 배고파!

Ejercicio 5

주어진 문장을 〈보기〉와 같이 qué를 이용하여 감탄문으로 만드세요.

보기

Este bolso es muy caro. → ¡Qué caro es este bolso!

1 Esta paella está muy rica.
→ ______________________________

2 Estos tomates son muy baratos.
→ ______________________________

3 Marta está muy delgada.
→ ______________________________

4 Hablaron muy mal de ti.
→ ______________________________

5 Este vino está muy bueno.
→ ______________________________

6 Ese coche corre muy rápido.
→ ______________________________

Ejercicio 6

다음 각 상황에서 쓸 수 있는 감탄문을 찾아 연결하세요.

1 Hay mucha gente en la playa. •	• ⓐ ¡Qué maravilloso es el paisaje!
2 Susana toca muy bien el piano. •	• ⓑ ¡Cuánta gente hay!
3 La película nos gustó muchísimo. •	• ⓒ ¡Qué bien toca el piano!
4 El paisaje es maravilloso. •	• ⓓ ¡Qué frío hace!
5 En el mundo hay muchas guerras. •	• ⓔ ¡Cuánto nos gustó!
6 Hace mucho frío hoy. •	• ⓕ ¡Cuántas guerras hay en el mundo!

3 최상급 (los superlativos)

(1) 비교급 앞에 '정관사 + (명사)'를 써서 최상급을 표현합니다. 정관사의 성·수는 뒤에 나오는 명사와 일치시킵니다. 이때 명사가 앞 문맥에서 언급되어 있으면 생략할 수 있습니다.

el / los
la / las
+ (명사) + más + 형용사/부사

Andrés es **el** estudiante **más aplicado** de la clase.
안드레스는 반에서 가장 열심히 공부하는 학생이다.

Laura es **la más cómica** de la clase.
라우라는 교실에서 가장 재미있는 사람(학생)이다.

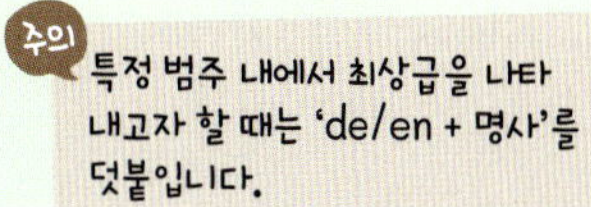

주의
특정 범주 내에서 최상급을 나타내고자 할 때는 'de/en + 명사'를 덧붙입니다.

(2) 비교급의 형태가 불규칙인 bueno와 malo의 경우에도 각각의 비교급 앞에 정관사를 붙여 최상급을 나타냅니다. 다만 비교급의 형태가 불규칙인 경우 명사가 비교급 뒤에 옵니다. 즉, bueno의 최상급은 '정관사 + mejor + (명사)'이며 malo의 최상급은 '정관사 + peor + (명사)'입니다. 최상급 형태는 명사에 따라 성·수 일치합니다.

Para mí, **la mejor** actriz es Emma Thompson.
나에게 최고의 여배우는 엠마 톰슨이다.

Ramón y Emilio son **los peores** estudiantes de la clase.
라몬과 에밀리오는 반에서 최악의 학생들이다.

(3) grande와 pequeño의 경우 '크기'를 비교할 때는 규칙형 más grande/más pequeño를 쓰지만 '나이'를 비교할 때는 불규칙형 mayor/menor를 써서 구분합니다. 최상급 표현은 각각의 비교급 앞에 정관사를 붙여 나타냅니다.

Mi padre es **el mayor** de sus hermanos.
나의 아빠가 그의 형제들 중 제일 나이가 많다.

Mi casa es **la más grande** de mi pueblo.
우리 집이 우리 고향에서 제일 크다.

La menor de mis hermanas tiene cinco años.
내 막내 여동생은 다섯 살이다.

Su chihuahua es **el perro más pequeño** del barrio.
그의 치와와는 동네에서 가장 작은 개이다.

빈칸에 아래 단어 중 알맞은 단어를 찾아 최상급으로 쓰세요.

antiguo   barato   difícil   feliz   sorprendente

1 **día**: Hoy es ______ ____________ ______ ____________ de mi vida. No voy a poder olvidarlo nunca.

2 **clase**: Física es ______ ____________ ______ ____________ de este semestre. No entiendo nada.

3 **edificio**: El Palacio Real es ______ ____________ ______ ____________ de todos. Tiene unos quinientos años.

4 **noticia**: Laura se va a casar con un chico inglés. Es ______ ____________ ______ ____________ de todas, ya que no habla inglés bien.

5 **plato:** La comida de este restaurante es muy buena pero ______ ____________ ______ ____________ cuesta más de cincuenta euros.

Ejercicio 8

다음 빈칸에 '정관사 + mejor/peor/mayor/menor'를 써서 최상급을 표현하세요.

1 Pedro es ________ ________ de todos los amigos. Tiene 2 o 3 años más que nosotros.

2 Esta es ________ ________ de todas las películas que se ponen en el cine. Tiene mala crítica.

3 Raquel es ________ ________ de mis sobrinas. Tiene 5 o 6 años menos que mis otras sobrinas.

4 Julio y Andrés son ________ ________ de todos los estudiantes de español. Siempre sacan A+.

5 Las frutas que se venden en aquella tienda son ________ ________ de la vecindad. ofrecen muy buena calidad.

4 por와 para ('por' vs. 'para')

	por	para
이유 vs. 목적	이유(~때문에)	목적(~위하여)
	Estoy preocupado **por** el examen. 나는 시험 때문에 걱정된다. Muchas gracias **por** su atención. 관심 가져 주셔서 감사합니다.	Las verduras son buenas **para** la salud. 채소는 건강에 좋다. Miguel estudia **para** ser médico. 미겔은 의사가 되기 위해 공부한다.
대상 (사람이나 기관)	~을/를 대신하여, 찬성하여	수혜자(~을/를 위해)
	Ayer Juan dio la clase **por** mí. 후안은 어제 나를 대신해서 강의했다. Voté **por** ese partido político. 나는 그 정당에 투표했다.	Es un anillo **para** ti. 너를 위한 반지야.
장소	경로(~을/를 따라서, ~을/를 통하여, ~의 주변에)	목적지(~행)
	He caminado **por** la orilla del río. 나는 강가를 따라 걸었다. ¿Hay un banco **por** aquí? 여기 주변에 은행이 있습니까?	El tren **para** Aguas Calientes sale a las ocho y media. 아구아스칼리엔테스행 기차는 8시 30분에 떠납니다.
시간	기간(~동안)	기한(~까지)
	Emilio ha estado en los Pirineos **por** un mes. 에밀리오는 한 달 동안 피레네 산맥에서 시간을 보냈다.	Tengo que leer el libro **para** este jueves. 나는 그 책을 이번 주 목요일까지 읽어야 한다.
기타	교환(가격, 대가) 단위, 빈도, 교통, 통신수단	수용 규모, 비교, 의견
	Te lo compro **por** veinte dólares. 내가 너한테 20달러에 그것을 살게. Las manzanas están a 2 euros **por** kilo. 사과는 1킬로에 2유로입니다. Te llamo **por** teléfono. 너한테 전화할게. Hago ejercicio tres veces **por** semana. 나는 일주일에 3번 운동을 한다. Les enviamos este paquete **por** avión. 당신들에게 이 소포를 항공 우편으로 보내겠습니다.	Es un estadio **para** ochenta mil personas. (그것은) 8만 명이 들어가는 경기장이다. Juanita está muy alta **para** su edad. 후아니타는 나이에 비해 키가 크다. **Para** mí, la felicidad es lo más importante. 나에겐 행복이 가장 중요한 거야.

Ejercicio 9

por 또는 para를 넣어 다음 문장을 완성하세요.

1 ¿______________ quién es este paquete?

2 Una mesa ______________ dos, por favor.

3 No hemos podido salir ______________ la nieve.

4 Tenemos agua ______________ tres días.

5 Ellos quieren pasar ______________ el banco esta tarde.

6 He comprado un nuevo coche ______________ muy poco dinero.

7 El mecánico me va a arreglar el coche ______________ mañana.

8 Necesito ahorrar dinero ______________ viajar.

Ejercicio 10

빈칸에 por 또는 para를 넣어 다음 글을 완성하세요.

Este verano mi esposa y yo tenemos el plan de viajar a Cancún. Pero no pienso pagar más de quinientos dólares **1**__________ los boletos de avión **2**__________ México. Vamos a estar en el hotel Hilton **3**__________ una semana. De día, queremos tomar el sol en la playa **4**__________ broncearnos. De noche, vamos a pasear **5**__________ la costa. **6**__________ ella, tengo preparada una sorpresa: la voy a llevar al parque acuático Xcaret. Nos espera un viaje de ensueño.

LECCIÓN 4

¿Cuándo nació usted?

TEMAS

- La biografía y el currículum vitae
- Un recuerdo inolvidable
- Los hechos históricos

FUNCIONES

- Narrar la vida de una persona
- Hablar de sucesos o eventos importantes en mi vida
- Hablar de hechos históricos de los personajes famosos

GRAMÁTICA

- El pretérito indefinido II
- 'hace' + tiempo + 'que' + pretérito / presente
- El pretérito indefinido vs. el pretérito perfecto
- El superlativo absoluto '-ísimo'

TEMAS Y ACTIVIDADES

TEMA 1 La biografía y el currículum vitae

PISTA 017

A ¿Cuándo nació usted?

B Nací el 29 de julio de 1998.

A ¿Dónde nació?

B Nací en Segovia.

A ¿Dónde trabajó antes?

B Trabajé en una editorial durante dos años.

Actividad 1

Relacione los dibujos con las oraciones correspondientes.

1 ____________________

2 ____________________

3 ____________________

4 ____________________

5 ____________________

6 ____________________

ⓐ Entré en la universidad a los 19 años.
ⓑ Me casé con Susana en 2018.
ⓒ Nací en Puebla, México, el 18 de abril de 1989.
ⓓ Me gradué de la universidad a los 25 años.
ⓔ Empecé a estudiar en la escuela primaria a los 7 años.
ⓕ Comencé a trabajar en una empresa en marzo de 2014.

Actividad 2

Lea las siguientes oraciones y marque la respuesta que corresponda. Después, compare las respuestas con las de su compañero/a.

		Sí	No
1	Yo nací en un pueblo.	☐	☐
2	Tuve un accidente de tráfico en mi infancia.	☐	☐
3	Me enamoré locamente antes de los dieciocho años.	☐	☐
4	Trabajé en una cafetería.	☐	☐
5	Conseguí una beca en bachillerato.	☐	☐
6	Viajé a un país extranjero el año pasado.	☐	☐

Actividad 3

PISTA 018

Escuche el siguiente texto sobre Lourdes y rellene los espacios en blanco de las siguientes afirmaciones.

1 Lourdes nació el 24 de junio de ______________.

2 Vivió con sus padres y su ______________.

3 Durante su adolescencia estuvo en un grupo de baile del colegio ____________ años.

4 Después del bachillerato trabajó en una empresa de ______________.

5 Ahora estudia ____________________ en la universidad.

Actividad 4

PISTA 019

Lea y escuche el siguiente correo electrónico de solicitud de empleo y conteste a las siguientes preguntas.

Muy Sres. míos:

Me llamo Yujin Kim y deseo presentar mi solicitud para el puesto de intérprete en su empresa. Como pueden ver en el currículum vitae adjunto, soy nativa de lengua coreana, me especialicé en español en la universidad y tengo el Diploma de Español como Lengua Extranjera (DELE) B2. También estuve un año en Estados Unidos como estudiante de intercambio. Por lo tanto, hablo español e inglés de forma correcta y tengo algo de conocimiento de alemán, ya que aprendí esa lengua durante tres años en la escuela secundaria. Además, hace unos meses obtuve unos certificados de programación informática.

Soy una persona muy organizada y responsable a la hora de desempeñar mi trabajo. También tengo una actitud abierta, sincera y respetuosa en mis relaciones interpersonales. Les agradezco mucho su atención y espero tener la oportunidad de conocerlos personalmente.

Atentamente,

Yujin Kim

Anexo: currículum vitae.

1 ¿Qué trabajo quiere tener esta persona?

ⓐ cartera ⓑ profesora ⓒ intérprete ⓓ abogada

2 ¿En qué se especializó en la universidad?

ⓐ inglés ⓑ coreano ⓒ alemán ⓓ español

3 ¿Tiene algún certificado? ¿De qué?

ⓐ De inglés e informática ⓑ De español y alemán

ⓒ De español e informática ⓓ De español e inglés

4 ¿Cómo es esta persona a la hora de desempeñar su trabajo?

ⓐ Es optimista y relajada. ⓑ Es desorganizada pero responsable.

ⓒ Es organizada y responsable. ⓓ Es trabajadora y seria.

5 ¿Qué espera tener esta persona?

ⓐ un examen ⓑ una fiesta ⓒ un concurso ⓓ una entrevista

Actividad 5

Escriba su epitafio como en el modelo después de leer los ejemplos de abajo.

Modelo

- *Necesité toda una vida para llegar hasta aquí. Si no viví más, es porque no me dio tiempo.*
- *Libre por fin, libre por fin. Gracias, Dios Todopoderoso. Soy libre por fin.* (Martin Luther King).
- *Murió vivo.* (Antonio Gala)
- *Estoy muerto. Enseguida vuelvo.* (Epitafio en el cementerio de León, España)

- ....
- ....
- ....
- ....

TEMA 2

Un recuerdo inolvidable

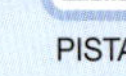
PISTA 020

Mi quinceañera fue un día inolvidable.

Aquella noche no pude dormir.

Al día siguiente, me vestí con un vestido elegantísimo y fui a la iglesia.

Mis abuelos, mis tíos y mis primos vinieron a mi fiesta de quinceañera.

Yo dije "adiós" a mi última muñeca Barbie.

Bailé el llamado *Vals de las 15 rosas* con mi padre.

Al final de la noche mi padre dijo: "Vamos a brindar por mi queridísima hija."

Actividad 6

Entreviste a su compañero/a sobre cuánto tiempo hace que hizo las siguientes acciones siguiendo el modelo.

Modelo

- ir al médico

A ¿Cuánto tiempo hace que fuiste al médico?

B Hace un mes que fui al médico.

1 comer la comida china

2 empezar a estudiar español

3 graduarse de la escuela secundaria

4 cortarse el pelo

5 viajar a otro país

6 conocer a su mejor amigo/a

7 tener su primer/a novio/a

Actividad 7

Entreviste a su compañero/a sobre sus momentos especiales.

1 ¿Cuándo te emocionaste mucho por última vez?

2 ¿Cuándo fue la última vez que no pudiste parar de reír? ¿Qué te hizo reír tanto?

3 ¿Cuándo sentiste mucha vergüenza por última vez? ¿Qué pasó?

4 ¿Cuándo tuviste mucho miedo por última vez? ¿Por qué?

5 ¿Cuándo te volviste loco/a por última vez? ¿Qué hiciste?

TEMA 3

Los hechos históricos

PISTA 021

VOL.127.NO.99

1

Neil Armstrong, astronauta estadounidense, llegó a la Luna el 21 de julio de 1969.

2

El Muro de Berlín cayó el 9 de noviembre de 1989.

3

En 2011 en Japón ocurrió un terremoto. Tras el terremoto, hubo muchas inundaciones provocadas por un tsunami.

4

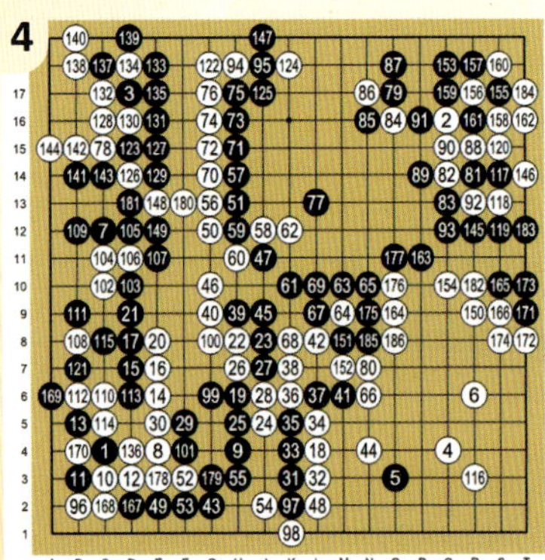

AlphaGo contra Lee Sedol fue un encuentro a cinco juegos celebrado en 2016. La partida terminó con la victoria de AlphaGo por 4 a 1.

5

Barack Obama se convirtió el 4 de noviembre de 2008 en el primer presidente afroamericano de EEUU.

6

El transatlántico británico Titanic se hundió tras chocar contra un iceberg el 14 de abril de 1912. Murieron 1512 personas.

Actividad 8

Relacione las siguientes personalidades con sus correspondientes logros.

	personas conocidas		logros
1	Bob Dylan	ⓐ	pintó su obra más célebre *La última cena*.
2	Cristóbal Colón	ⓑ	ganó el Premio Nobel de Literatura por sus canciones.
3	Cervantes	ⓒ	fue el primer grupo coreano que alcanzó el número uno en la lista *Billboard*.
4	BTS	ⓓ	escribió *El Quijote*.
5	Leonardo Da Vincci	ⓔ	llegó al continente americano y lo dio a conocer en Europa.

Actividad 9

Lea y escuche la biografía del "Che Guevara" y marque si las siguientes afirmaciones son verdaderas (V) o falsas (F).

PISTA 022

Che Guevara, cuyo verdadero nombre es Ernesto Guevara, nació en Rosario, Argentina, en 1928. En 1952 viajó en su motocicleta por América Latina, recorriendo Chile, Bolivia, Perú y Colombia. La película *Diarios de motocicleta* se basa en ese viaje.

En 1953, el Che terminó sus estudios de Medicina, y después se fue a Centroamérica, donde participó en la Revolución cubana. En 1955 conoció a Fidel Castro en México. Desde entonces mantuvo amistad con él. Después del éxito de la Revolución cubana, recibió nacionalidad cubana con honores y fue nombrado comandante del ejército y ministro. En 1965 salió de Cuba para dedicarse a la lucha tanto en África como en Sudamérica. En 1967 fue capturado y asesinado luchando contra el gobierno boliviano.

		V	F
1	Che Guevara nació en Cuba.	☐	☐
2	*Diarios de motocicleta*, película filmada en 1952, cuenta su viaje por América Latina.	☐	☐
3	Che Guevara y Fidel Castro se hicieron amigos en México.	☐	☐
4	El Che fue comandante del ejército de Argentina.	☐	☐
5	Che Guevara murió de una enfermedad grave.	☐	☐

VOCABULARIO Y EXPRESIONES

la biografía, el currículum vitae | 일대기, 이력서

el accidente de tráfico 교통사고
la actitud 태도
la adolescencia 청소년기
el anexo 첨부, 동봉
la atención 주의, 관심
el bachillerato 고등학교
el/la cartero/a 우편배달부
el cariño 애정, 사랑
el certificado 자격증
el concurso 경연 대회
el conocimiento 지식
la dedicación 정성, 헌신
el diploma 학위, 증서
la editorial 출판사
la empresa 회사
el encuentro 만남
la entrevista 인터뷰
el epitafio 비문, 묘비명
la escuela primaria 초등학교
la escuela secundaria 중(고등)학교
la importación 수입
el intercambio 교환 (학생)
el/la intérprete 통역사
la oportunidad 기회
la programación informática 컴퓨터 프로그래밍
el pueblo 시골, 마을
el puesto 자리, 업무
las relaciones interpersonales 인간관계
la solicitud (de empleo, de beca, etc.) 지원서
adjunto/a 동봉한
desorganizado/a 무질서한
extranjero/a 외국의
libre 자유로운, 해방된
nativo/a 태어난
organizado/a 계획적인, 조직적인
relajado/a 느긋한
respetuoso/a 존중하는
serio/a 진지한
todopoderoso/a 전지전능한
agradecer 감사하다
casarse con (+ alguien) ~와/과 결혼하다
comenzar a + *inf.* ~하기 시작하다
criar 양육하다, 키우다
desear + *inf.* ~하기를 원하다
desempeñar 행하다, 실행하다
empezar a + *inf.* ~하기 시작하다
especializarse en (+ carrera) 전공하다
esperar + *inf.* 기대하다, 원하다
graduarse de ~을/를 졸업하다
nacer 태어나다
obtener 얻다, 획득하다
presentar 제출하다
ser nombrado/a ~(으)로 임명되다
actualmente 현재
atentamente (편지 말미에) 정중히
enseguida 즉시, 곧바로
a la hora de + *inf.* ~할 시간에
de forma correcta 정석으로, 올바르게
por fin 마침내

un recuerdo inolvidable | 잊을 수 없는 기억

el cementerio 묘지, 무덤
la quinceañera 15세 성년식
la rosa 장미
el vals 왈츠
brindar 축배를 들다

cortarse el pelo 머리를 깎다

parar de ~하는 것을 멈추다

emocionarse 감격하다, 감동하다

reír 웃다

tener miedo 두려워하다

volverse loco/a 미치다

al día siguiente 다음날(에)

al final de ~ 말에, ~ 끝에

aquella noche 그날 밤(에)

¿Cuánto tiempo hace que...?
~한 지 얼마나 되었는가?

el hecho histórico | 역사적 사건

el/la afroamericano/a 아프리카계 미국인

el/la astronauta 우주 비행사

el/la comandante 군의 장군

el continente 대륙

el ejército 군대

la enfermedad (질)병

el gobierno 정부

el iceberg 빙하

la inundación 범람

la lucha 전투

la Medicina (과목) 의학

el/la ministro/a 국무 위원, 장관

la motocicleta 오토바이

el muro 장벽

la nacionalidad 국적

la partida 시합

el premio 상, 상금

la revolución 혁명

el suceso (발생한) 일, 사건

el terremoto 지진

el transatlántico 대서양을 횡단하는 정기 여객선

el tsunami 쓰나미

la vergüenza 부끄러움, 수치감

cuyo/a (관계 형용사) ~의

célebre 유명한

conocido/a 알려진

grave 심각한

verdadero/a 진실의, 본명의

alcanzar 도달하다

asesinar 살해하다, 암살하다

basarse en ~에 근거하다

caer 무너지다

capturar 잡다, 체포하다

contar 이야기하다

convertirse en ~(으)로 변하다

dar a conocer 알리다, 알게 하다

dedicarse a (+ sustantivo) ~에 전념하다, 몰두하다

filmar 영화로 찍다

hacerse (+ sustantivo o adjetivo) ~이/가 되다

hundirse 물에 잠기다

luchar 싸우다

ocurrir 일어나다

participar en 참가하다, 참여하다

provocar 야기하다

recorrer 달리다, 일주하다

tras 후에

desde entonces 그때부터

tanto A como B A와 마찬가지로 B도

GRAMÁTICA Y EJERCICIOS

1 완료 과거 II (el pretérito indefinido II)

(1) 어간 불규칙 동사: 어간이 불규칙 형태로 변하고 어미는 동일하게 -e, -iste, -o, -imos, -isteis, -ieron이 붙습니다. 이때 어떤 인칭에도 강세 표시가 없습니다.

estar 있다 → estuv-	
yo	**estuv**e
tú	**estuv**iste
él/ella/usted	**estuv**o
nosotros	**estuv**imos
vosotros	**estuv**isteis
ellos/ellas/ustedes	**estuv**ieron

andar 걷다 → anduv-
haber 있다 → hub-
tener 가지다 → tuv-
poder 할 수 있다 → pud-
poner 놓다 → pus-
saber 알다 → sup-

venir 오다 → vin-	
yo	**vin**e
tú	**vin**iste
él/ella/usted	**vin**o
nosotros	**vin**imos
vosotros	**vin**isteis
ellos/ellas/ustedes	**vin**ieron

querer 좋아하다 → quis-

decir 말하다 → dij-	
yo	**dij**e
tú	**dij**iste
él/ella/usted	**dij**o
nosotros	**dij**imos
vosotros	**dij**isteis
ellos/ellas/ustedes	**dij**eron

traer 가져오다 → traj-
conducir 운전하다 → conduj-

주의 decir와 같은 유형의 동사들은 3인칭 복수형이 dijieron이 아니라 dijeron으로 i모음이 탈락합니다.

Hace un mes mi hermano **tuvo** un accidente de tráfico.
한 달 전 내 남동생은 교통사고를 당했다.

Un primo de Estados Unidos **vino** a Corea el lunes pasado.
지난 월요일 미국에 사는 사촌이 한국에 왔다.

Yo te **dije** la verdad.
나는 너에게 진실을 이야기했어.

(2) 3인칭 단·복수 불규칙: 완료 과거 형태가 3인칭 단·복수에서 어간 모음이 불규칙하게 바뀌는 동사가 있습니다.

① 어간 모음이 -e-에서 -i-로 변하는 경우

pedir 요청하다	pedí, pediste, **pidió**, pedimos, pedisteis, **pidieron**
mentir 거짓말하다	mentí, mentiste, **mintió**, mentimos, mentisteis, **mintieron**
preferir 선호하다	preferí, preferiste, **prefirió**, preferimos, preferisteis, **prefirieron**
reír 웃다	reí, reíste, **rio**, reímos, reísteis, **rieron**
seguir 계속하다	seguí, seguiste, **siguió**, seguimos, seguisteis, **siguieron**
sentir 느끼다	sentí, sentiste, **sintió**, sentimos, sentisteis, **sintieron**
vestirse 옷을 입다	me vestí, te vestiste, **se vistió**, nos vestimos, os vestisteis, **se vistieron**
divertirse 즐기다	me divertí, te divertiste, **se divirtió**, nos divertimos, os divertisteis, **se divirtieron**

De repente el Sr. Torres **sintió** un fuerte dolor en el pecho ayer.
토레스 씨는 어제 갑자기 가슴에 강한 통증을 느꼈다.

Los señores Hernández **pidieron** muchos platos anoche.
에르난데스 씨 부부는 어젯밤 많은 요리를 주문했다.

② 어간 모음이 -o-에서 -u-로 변하는 경우

dormir 자다	dormí, dormiste, **durmió**, dormimos, dormisteis, **durmieron**
morir 죽다	morí, moriste, **murió**, morimos, moristeis, **murieron**

La abuela se **durmió** viendo su telenovela favorita.
어머니는 좋아하시는 드라마를 보시면서 잠이 드셨다.

Los García **murieron** en un accidente de tránsito el año pasado.
가르시아 씨 부부는 작년에 교통사고로 사망했다.

(3) dar 동사와 ver 동사는 -er로 끝나는 동사의 규칙형 완료 과거 어미를 취하지만 단음절이기 때문에 강세 표시가 없습니다.

	dar 주다	ver 보다
yo	di	vi
tú	diste	viste
él/ella/usted	dio	vio
nosotros	dimos	vimos
vosotros	disteis	visteis
ellos/ellas/ustedes	dieron	vieron

Mis padres me **dieron** un regalo en mi cumpleaños. 우리 부모님이 내 생일날 나에게 선물을 주셨다.

Ayer **vimos** una película en el centro. 어제 우리는 시내에서 영화 한 편을 봤다.

(4) ser 동사와 ir 동사의 완료 과거는 형태가 동일합니다.

ser 이다 / ir 가다	
yo	fui
tú	fuiste
él/ella/usted	fue
nosotros	fuimos
vosotros	fuisteis
ellos/ellas/ustedes	fueron

El fin de semana pasado **fui** a una fiesta. 지난 주말 나는 파티에 갔다.
Gabriel García Márquez **fue** un gran escritor. 가브리엘 가르시아 마르케스는 위대한 작가였다.

Ejercicio 1

다음 문장에 주어진 동사의 완료 과거형을 사용하여 문장을 완성하세요.

1 Ayer en la fiesta nosotros ______________ (ver) a todos nuestros amigos.

2 El empleado lo ______________ (hacer) ante el nuevo jefe.

3 ¿Adónde ______________ (tú, ir) a comer el domingo pasado?

4 Después de los exámenes, los estudiantes ______________ (dormir) doce horas.

5 Un amigo mío ______________ (tener) un accidente el fin de semana pasado.

6 Los españoles ______________ (traer) el tomate y la patata de América.

Ejercicio 2

다음 문장을 〈보기〉와 같이 완료 과거형으로 바꾸세요.

보기

Estoy en la casa de un amigo. → Estuve en la casa de un amigo ayer.

1 Marisa y Clara dan una fiesta en su casa.
→ ____ anteayer.

2 Nosotros sabemos el secreto de Alejandro.
→ ____ aquel día.

3 Mi esposo me miente varias veces.

→ ______________________________ la semana pasada.

4 Yo no puedo conseguir la beca.

→ ______________________________ el semestre pasado.

5 ¿No te dicen la verdad?

→ ¿______________________________ anoche?

6 Mucha gente anda en bicicleta en el parque.

→ ______________________________

el verano pasado.

7 Muchísimas personas vienen a ver este espectáculo.

→ ______________________________ el mes pasado.

Ejercicio 3

다음은 Salvador Dalí의 일생에 대한 글입니다. 다음 글을 완료 과거 시제로 바꿔 쓰세요.

Salvador Dalí

- Nace en 1904 en Figueras, España.
- Estudia en la Escuela de Bellas Artes de Madrid.
- Comienza a trabajar en 1928 en París, donde conoce las vanguardias francesas.
- En 1940 expone en Nueva York.
- Muere en 1989 en su pueblo natal de Figueras.

다음 중 알맞은 동사를 골라 완료 과거형으로 바꿔 다음 글을 완성하세요.

bailar   empezar   reunirse   ser   venir   vestirse

La quinceañera de Alicia **1**__________ un día inolvidable. Todos sus parientes **2**__________ a la iglesia. La ceremonia **3**__________ con una misa de acción de gracias. Alicia **4**__________ con un vestido largo de color rosa. Después de la ceremonia, todos **5**__________ en su casa para una gran fiesta. Alicia **6**__________ con su padre, luego con sus tíos y sus primos. Este evento significa la transición de niña a mujer.

Ejercicio 5

다음 글의 밑줄 친 동사를 완료 과거형으로 바꿔 쓰세요.

Elena va de viaje a Ibiza con su hermana. Allí se alojan en un hotel de lujo. Elena prefiere pagar más por una habitación con vista al mar. Después de dejar sus maletas en la habitación bajan y piden dos limonadas en el bar junto a la playa. Un camarero guapísimo les sirve las bebidas. Les encantan. Luego Elena se baña en el mar y su hermana hace un castillo de arena. Las dos se divierten muchísimo.

2 'hace + 시간 + que'를 활용한 표현 ('hace' + tiempo + 'que' + pretérito indefinido / presente)

(1) hace + 시간 + que + 완료 과거형: 과거에 완료된 행위 이후 경과된 시간을 표현할 때 씁니다. 해당 구문은 '완료 과거형 + hace + 시간'으로 대체할 수 있습니다.

A ¿Cuánto tiempo **hace que** presenció el accidente? 그 사건을 목격하신 지 얼마나 되셨습니까?

B **Hace** diez días **que** presencié el accidente. 그 사건을 목격한 지 열흘이 됩니다.

= Presencié el accidente **hace** diez días. 열흘 전에 그 사건을 목격했습니다.

(2) hace + 시간 + que + 현재형: 현재까지 지속되는 행위의 경과 시간을 표현할 때 씁니다. 해당 구문은 '현재형 + desde hace + 시간'으로 대체할 수 있습니다.

A ¿Cuánto tiempo **hace que** vives en esta casa? 이 집에 산 지 얼마나 되었니?

B **Hace** seis meses **que** vivo en esta casa. 이 집에 산 지 6개월 되었어.

= Vivo en esta casa **desde hace** seis meses. 6개월 전부터 이 집에 살고 있어.

Ejercicio 6

다음 중 알맞은 동사를 골라 완료 과거형으로 바꿔 다음 문장을 완성하세요.

cortarse empezar graduarse nacer morir

1 Hace tres años que mi abuela ______________.

2 Hace once años que yo ______________ a trabajar allí.

3 Hace un minuto que mi hijo ______________.

4 Hace cuatro años que yo ______________ de la universidad.

5 Hace un mes que yo ______________ el pelo.

Ejercicio 7

다음 중 알맞은 동사를 골라 현재형으로 바꿔 다음 문장을 완성하세요.

esperar estudiar jugar ir practicar

1 ¿Cuánto tiempo hace que no ______________ al gimnasio Ud.?

2 ¿Cuánto tiempo hace que ______________ el autobús Ud.?

3 ¡Qué bien juegas! ¿Cuánto tiempo hace que ______________ este deporte?

4 Hace un año que yo ______________ español.

5 Juan ______________ a los videojuegos desde hace dos horas.

3 완료 과거와 현재 완료의 비교 (el pretérito indefinido vs. el pretérito perfecto)

스페인에서는 현재와 가까운 시간 표현과 함께 쓰여 가까운 과거에 일어난 일을 나타낼 때 현재 완료 시제를 씁니다. 반면, 더 먼 과거에까지 일어난 일을 나타내는 표현에는 완료 과거형을 씁니다.

	함께 쓰는 시간 표현		
현재 완료	hoy 오늘 este mes 이번 달 últimamente 최근에 hace cinco minutos 5분 전에	esta mañana 오늘 오전 este año 올해 recientemente 최근에	esta semana 이번 주 esta vez 이번 hace poco 방금 전에
완료 과거	ayer 어제 anteanoche 그저께 밤 el lunes pasado 지난 월요일 hace dos semanas 이 주 전	anoche 어젯밤 el año pasado 작년 el otro día 일전, 요전 날 en aquel momento 예전 그 순간에	anteayer 그저께 la semana pasada 지난주 hace unos días 며칠 전 en 1995 1995년에

Esta mañana **he desayunado** a las nueve.
오늘 아침 9시에 식사를 했다.

Aquella mañana **desayuné** a las nueve.
그날 아침 9시에 식사를 했다.

Esta semana **he estudiado** mucho.
이번 주에 공부를 많이 했다.

La semana pasada **estudié** mucho.
지난주에 공부를 많이 했다.

> 주의
> 중남미에서는 함께 쓰이는 시간 표현에 관계없이 과거에 일어난 일은 모두 완료 과거형을 써서 표현합니다.
>
> <스페인> Hoy he hecho ejercicio. Pero ayer no lo hice.
> <중남미> Hoy hice ejercicio. Pero ayer no lo hice.
> 나는 오늘은 운동했어. 하지만 어제는 안 했어.

Ejercicio 8

스페인 학생인 Marta가 자신의 다이어리에 적은 내용을 바탕으로 빈칸의 동사를 현재 완료 시제 또는 완료 과거형으로 구분하여 써 보세요.

Ayer	**Hoy**
Tiempo: nevar	*Tiempo: llover*
Clase: Química	*Clase: Matemáticas*
Actividad: tocar el violín	*Actividad: ir a un concierto*
Dormir: 6 horas	*Dormir: 9 horas*

1 Ayer __________ (nevar) pero hoy __________ (llover).

2 Ayer por la tarde yo __________ (tener) la clase de química, pero esta tarde __________ (tener) la de matemáticas.

3 Anoche yo __________ (tocar) el violín, pero esta noche __________ (ir) a un concierto.

4 Ayer yo __________ (dormir) seis horas, pero hoy __________ (dormir) nueve horas.

4 절대 최상급 -ísimo (el superlativo absoluto '-ísimo')

(1) 절대 최상급이란 '매우 ~한/~하게'라는 뜻으로 비교할 것 없이 절대적인 관점에서 '최상'이라는 의미를 나타내는 표현입니다. 부사나 형용사에 어미 -ísimo를 붙이되 모음으로 끝난 경우 마지막 모음을 삭제한 뒤 어미를 붙이고 자음으로 끝난 경우는 그대로 -ísimo를 붙입니다. 절대 최상급이 형용사로 사용된 경우에는 명사의 성과 수에 일치해야 합니다.

부사/형용사	절대 최상급
guapo 예쁜	guap**ísimo** 매우 예쁜
malo 나쁜	mal**ísimo** 매우 나쁜
mucho 많이	much**ísimo** 매우 많이
interesante 재미있는	interesant**ísimo** 매우 재미있는
difícil 어려운	dificil**ísimo** 매우 어려운

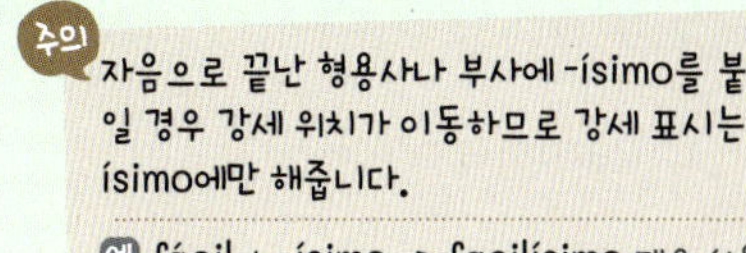

주의
자음으로 끝난 형용사나 부사에 -ísimo를 붙일 경우 강세 위치가 이동하므로 강세 표시는 ísimo에만 해줍니다.
예 fácil + -ísimo -> facilísimo 매우 쉬운

Muchísimas gracias. 대단히 감사합니다.
Este coche es **carísimo**. 이 차는 아주 비쌉니다.

(2) 음가를 유지하기 위해 자음의 철자가 변하는 경우가 있습니다.

부사/형용사	절대 최상급
rico 맛있는	riqu**ísimo** 매우 맛있는
largo 긴	largu**ísimo** 매우 긴

Este río es **larguísimo**. 이 강은 매우 깁니다.
La comida coreana es **riquísima**. 한국 음식이 아주 맛있습니다.

Ejercicio 9

주어진 단어의 절대 최상급을 넣어 문장을 완성해 보세요.

1 El café colombiano es ______________ (rico).

2 Estas montañas son ______________ (altas).

3 El baño está ______________ (limpio).

4 Esa mochila es ______________ (pequeña).

5 Aquellos trenes son ______________ (largos).

다음 중 알맞은 형용사를 골라 절대 최상급 형태로 변화시켜 문장을 완성하세요.

dulce	fácil	lujoso	simpático	viejo

1 Mi mujer y yo nos hospedamos en un hotel ____________ de cinco estrellas.

2 El examen de ayer fue ____________.

3 A mi novia no le gustan esos bombones porque están ____________.

4 Pedro quiere comprar un BMW porque su coche está ____________.

5 El camarero fue ____________ con nosotros, así que dejamos mucha propina.

LECCIÓN 5

¿Qué hacías cuando eras niña?

TEMAS

- La niñez
- La juventud
- La narración

FUNCIONES

- Recordar los días pasados
- Describir la situación pasada
- Narrar el cuento

GRAMÁTICA

- El pretérito imperfecto
- El pasado en progreso
- El pretérito indefinido vs. el pretérito imperfecto
- Los posesivos pospuestos

TEMAS Y ACTIVIDADES

TEMA 1 La niñez

PISTA 023

A De niño, ¿cómo te divertías con tus amigos?

B Jugábamos al escondite, a la pelota o con bloques. ¿Y tú?

A Yo no salía mucho de casa. Mis padres siempre decían que era peligroso jugar en la calle.

B Entonces, ¿qué hacías?

A Me gustaba mucho tocar el piano y charlar con mis abuelos.

B ¡Ajá! Ahora entiendo por qué te llevas tan bien con tus abuelos.

Actividad 1

Lea las siguientes afirmaciones e indique si son correctas o no. Luego, comente sus respuestas con las de su compañero/a.

Cuando tenía diez años,

		Sí	No
1	me levantaba a las siete de la mañana y me acostaba a las nueve de la noche.	☐	☐
2	me gustaba ir al supermercado con mis padres.	☐	☐
3	me peleaba con mi hermano/a con frecuencia.	☐	☐
4	mis padres me daban dinero cuando yo les hacía alguna cosa: lavar los platos, limpiarles los zapatos o masajearles los hombros.	☐	☐

Actividad 2

Entreviste a su compañero/a sobre su niñez.

1 ¿Dónde vivías cuando eras niño/a? ¿Vivías en una ciudad o en un pueblo? ¿Vivías con tus padres o con otros parientes?

2 ¿Tenías muchos o pocos amigos? ¿Eras tímido/a o sociable? ¿Cómo era tu carácter?

3 ¿Qué hacías tú cuando estabas aburrido/a? ¿Leías tiras cómicas? ¿Mirabas dibujos animados en la tele? ¿Montabas en bicicleta? ¿Saltabas la cuerda?

4 ¿A qué escuela asistías? ¿Cómo era? ¿Qué te gustaba hacer en la escuela? ¿Qué no te gustaba hacer?

Actividad 3

PISTA 024

Escuche el siguiente texto y complete los espacios en blanco.

Mi querida hija, Carolina. ¿Quieres saber cómo eras de bebé? Dependías totalmente de tu padre y de mí – no **1** ____________ hacer nada tú sola. Tú pasabas los días sin preocupación: **2** ____________ mucho, comías muchísimo y **3** ____________ con frecuencia. **4** ____________ curiosidad por todo sobre tus alrededores. Tu padre y yo te **5** ________________ como una princesa. Tus abuelitos te **6** ________________. Tus tíos jugaban contigo, te hablaban y te **7** ________________. En aquel tiempo, tú **8** ________________ el centro del universo de nuestra familia.

TEMA 2 La juventud

PISTA 025

A Papá, ¿salías mucho con tus amigos por la noche?

B Pues, sí. Me divertía bastante los fines de semana.

A Entonces, ¿por qué no me dejas salir por la noche?

B Porque eres la niña de mis ojos y no quiero verte en peligro.

A ¡Papá! ¡Eso no! Yo también tengo derecho a disfrutar de mi juventud.

B ¡A la cama! ¡Ya es la hora de dormir!

Actividad 4

Converse con su compañero/a sobre lo que hacían las siguientes personas cuando eran más jóvenes.

Modelo

A ¿Qué hacía Carmen después de las clases cuando era joven?

B Veía la tele en el salón de estar.

	después de las clases	los fines de semana	durante las vacaciones de verano
1 Carmen	ver la tele en el salón de estar	cocinar	trabajar a tiempo parcial en una tienda
2 Enrique	estudiar en la biblioteca	ir a la iglesia con su familia	aprender idiomas extranjeros
3 Raquel	hablar por teléfono con su novio	ir al cine con sus amigos	tomar el sol en la playa
4 Julio	patinar en línea en el parque	tocar la batería en una banda musical	acampar en la montaña

Actividad 5

Entreviste a su compañero/a sobre su adolescencia.

1 En la adolescencia, ¿qué aspecto tenías?

2 ¿Cuál era tu programa favorito de televisión? ¿Cuándo lo ponían?

3 ¿Qué tipo de libros te gustaba leer? ¿Qué tipo de música escuchabas?

4 ¿Cuál era tu asignatura favorita? ¿En qué asignatura sacabas mejores notas?

5 ¿Cómo era tu hombre/mujer ideal? ¿Y ahora? ¿Has cambiado de idea?

6 En la adolescencia, ¿qué hacías cuando te sentías mal?

7 Cuando no querías ir a la escuela, ¿qué hacías?

Actividad 6

Escuche lo que hacían estas personas a las nueve de la tarde de ayer e identifique quién estaba haciendo cada una de las siguientes acciones.

PISTA 026

1 ________ 2 ________ 3 ________ 4 ________ 5 ________ 6 ________

ⓐ ⓑ ⓒ

ⓓ ⓔ ⓕ

3 TEMA La narración

PISTA 027

A Oye, ¿por qué no me contestaste ayer? Te llamé muchas veces.

B Lo siento. Se me olvidó llevar el teléfono. ¿Qué querías?

A Es que mi tío me dio dos entradas para el concierto del grupo B.T.S. y quería preguntarte si querías venir. Pero el concierto fue ayer.

B Entonces, ¿no pudiste ir al concierto?

A Pues, claro que fui. No podía dejar pasar esa magnífica oportunidad. Lo siento.

B No te preocupes. Igualmente te lo agradezco mucho.

Indique en qué momento ocurrieron las siguientes acciones, siguiendo el modelo.

Modelo

→ Irene se bañaba cuando alguien tocó a la puerta.

(Irene: bañarse / alguien: tocar a la puerta)

1 

→ ______________________________

(Mi mamá: cocinar / el teléfono: sonar)

2 

→ ______________________________

(yo: despertarse / la hora: ser las ocho de la mañana)

3 

→ ______________________________

(Tú: no tener paraguas / el tiempo: empezar a llover de repente)

4 

→ ______________________________

(Mi hermano: enamorarse por primera vez / tener 16 años)

5 → ______________________________

(Carlos y Paloma: terminar el examen / estar agotado)

6 

→ ______________________________

(Nosotros: caminar por la calle / ellos: comenzar a lanzar fuegos artificiales)

Actividad 8

Entreviste a su compañero/a sobre su mejor amigo/a.

1 ¿Cómo se llama tu mejor amigo/a?

2 ¿Dónde y cuándo lo/la conociste? ¿Qué edad teníais?

3 ¿Cómo era él/ella?

4 ¿Qué hacíais cuando salíais juntos/as? ¿Adónde ibais?

5 Cuando teníais algún problema, ¿cómo lo solucionabais?

Actividad 9

Exprese cómo eran las siguientes situaciones antes siguiendo el modelo.

Modelo

Ahora muchísimas mujeres trabajan fuera de casa.

→ Antes muchísimas mujeres trabajaban solo en casa.

1 Ahora casi todos los bebés nacen en hospitales.

→ ____________________

2 Las mujeres —no solo los hombres— llevan pantalones.

→ ____________________

3 Los hombres —no solo las mujeres— usan cosméticos.

→ ____________________

4 Se come en restaurantes con frecuencia.

→ ____________________

5 Las familias son más pequeñas.

→ ____________________

6 Ahora muchas personas viven en apartamentos en grandes ciudades.

→ ____________________

7 Nos comunicamos por teléfono móvil.

→ ____________________

8 Muchos jóvenes prefieren quedarse solteros a casarse.

→ ____________________

Actividad 10

Escriba un texto sobre un recuerdo inolvidable en su vida después de leer y escuchar el modelo.

PISTA 028

Modelo

Cuando yo tenía diez años, visité una granja con mis padres. Era una granja educativa dedicada a familiarizar a la gente con la naturaleza. A lo largo del día pudimos ver y alimentar conejos, ovejas, caballos y avestruces. Además, realizamos varias actividades al aire libre y participamos en algunos talleres educativos. En uno de ellos aprendimos a elaborar queso de oveja y en otro cocinamos pizza con el queso y verduras del campo. Pasamos un día en familia inolvidable en compañía de los animales de esa granja.

VOCABULARIO Y EXPRESIONES

la niñez | 어린 시절

los alrededores 주변

el carácter 성격

el centro 중심, 시내

la curiosidad 호기심

los dibujos animados 만화 영화

el pariente 친척

la princesa 공주

el pueblo 시골

el supermercado 슈퍼마켓

la tira cómica 연재 만화

el universo 우주

peligroso/a 위험한

sociable 사교적인

tímido/a 겁이 많은, 소심한

asistir a ~에 출석하다, ~에 나가다

depender de ~에 의존하다

divertirse 즐기다

jugar a la pelota 공놀이하다

jugar al escondite 숨바꼭질하다

jugar con bloques 블럭을 갖고 놀다

llevarse bien/mal con ~와/과 사이가 좋게/나쁘게 지내다

levantarse 일어나다, 일어서다

masajear(le) los hombros (+ a alguien) ~의 어깨를 안마하다

montar en bicicleta 자전거를 타다

pasar los días 날을 보내다

pelearse con (+ alguien) ~와/과 싸우다, 다투다

saltar la cuerda 줄넘기하다

tratar 다루다, 대하다

vestir 옷을 입히다

totalmente 완전히

con frecuencia 자주

de niño 어려서

en aquel tiempo 그 당시에

sin preocupación 걱정 없이

la juventud | 젊은 시절, 청춘

la adolescencia 사춘기

la asignatura 교과목

el aspecto 면모

la banda musical 음악 밴드

la biblioteca 도서관

el idioma extranjero 외국어

el/la niño/a de mis ojos 눈에 넣어도 아프지 않은 자식

el salón de estar 거실

acampar 캠핑하다

bañar 목욕시키다

cambiar de ~을/를 바꾸다

chatear por el móvil 핸드폰으로 채팅하다

disfrutar de ~을/를 즐기다

oír la radio 라디오를 듣다

patinar en línea 인라인스케이트를 타다

poner la mesa 상 차리다

sentirse bien/mal 기분이 좋다/나쁘다

tener derecho 권리가 있다

tocar la batería 드럼을 연주하다

trabajar a tiempo parcial 아르바이트하다

vestirse 옷을 입다

contigo 너와 함께

de repente 갑자기

en peligro 위험에 빠진

los fines de semana 주말마다

la narración | 이야기 서술

el apartamento 아파트

el avestruz 타조

la casa particular 개인 주택

el caballo 말

el conejo 토끼

la edad 나이

la entrada 입장권

los fuegos artificiales 폭죽

la gran ciudad 대도시

la granja 농장

la naturaleza 자연

la nota 메모, 점수, 성적

la oportunidad 기회

la oveja 양

el paraguas 우산

el queso 치즈

el taller 캠프, 작업장, 세미나

el teléfono fijo 유선 전화

agotado/a 지친

dedicado/a a ~에 초점을 둔, ~에 전념하는

educativo/a 교육적인

magnífico/a 훌륭한

agradecer 감사하다

alimentar 먹이를 주다

bañarse 목욕하다

caminar 걷다

comunicarse 통화하다, 연락하다

contestar 대답하다

despertarse 잠에서 깨다

elaborar (원료를) 가공하다

enamorarse de (+ alguien) ~와/과 사랑에 빠지다

familiarizar 친숙하게 하다

lanzar 쏘다, 발사하다

llevar el teléfono 전화기를 갖고 가다

olvidarse (+ alguien) ~에게 실수로 잊혀지다

preferir A a B B보다 A를 선호하다

preocuparse 걱정하다

quedarse soltero/a 비혼으로 지내다

realizar 실현하다

solucionar 해결하다

sonar (전화나 벨이) 울리다

tocar a la puerta 노크하다

igualmente 똑같이, 마찬가지로

a lo largo de ~에 걸쳐서

al aire libre 야외에서

el otro día 예전 어느 날(에)

en compañía de ~와/과 함께, ~을/를 동반하다

por primera vez 처음으로

GRAMÁTICA Y EJERCICIOS

1 불완료 과거 (el pretérito imperfecto)

(1) 불완료 과거 규칙형은 동사의 어미가 -ar인 경우에는 어미에 -aba를 붙이고 -er 또는 -ir인 경우에는 -ía를 붙입니다.

	hablar 말하다	comer 먹다	abrir 열다
yo	habl**aba**	com**ía**	abr**ía**
tú	habl**abas**	com**ías**	abr**ías**
él/ella/usted	habl**aba**	com**ía**	abr**ía**
nosotros	habl**ábamos**	com**íamos**	abr**íamos**
vosotros	habl**abais**	com**íais**	abr**íais**
ellos/ellas/ustedes	habl**aban**	com**ían**	abr**ían**

(2) 불완료 과거에서 불규칙형을 갖는 동사는 다음 세 동사뿐입니다.

	ir 가다	ser ~이다	ver 보다
yo	iba	era	veía
tú	ibas	eras	veías
él/ella/usted	iba	era	veía
nosotros	íbamos	éramos	veíamos
vosotros	ibais	erais	veíais
ellos/ellas/ustedes	iban	eran	veían

(3) 불완료 과거는 과거의 습관적이거나 반복적인 행위를 나타낼 때 사용합니다.

Mi familia **iba** a la iglesia los domingos.
우리 가족은 일요일마다 교회에 가곤 했다.

De pequeño me **peleaba** con mi hermano casi todos los días.
나는 어렸을 때 거의 매일 내 동생과 싸우곤 했다.

De niña yo **solía** subir a la montaña los fines de semana.
나는 어렸을 때 주말마다 산에 오르곤 했었다.

Vosotros siempre **jugabais** en la calle.
너희들은 항상 거리에서 놀곤 했었지.

De pequeño, durante las vacaciones, mi hermano y yo **dormíamos** mucho y **mirábamos** la tele todo el día.
어릴 적에는 방학에 나의 형과 나는 잠을 많이 자고, 하루 종일 텔레비전을 보곤 했다.

Mi abuelo siempre **hablaba** de política y religión.
할아버지는 늘 정치와 종교에 대해서 이야기하곤 하셨다.

(4) 신체적, 정신적 상태나 시간, 날씨, 나이 등 과거 상황의 배경을 묘사할 때 사용합니다.

Esa chica **era** baja pero muy bonita. 그 여자애는 키가 작지만 아주 예뻤지.
Antes no te **gustaba** lo picante. 예전에 너는 매운 것을 좋아하지 않았어.
Eran las cinco en punto de la tarde. (당시는) 오후 다섯 시 정각이었어.
Yo **tenía** diez años en esa foto. 그 사진에서는 내가 열 살이었지.

Ejercicio 1

주어진 동사의 불완료 과거형을 사용하여 문장을 완성하세요.

1 Los estudiantes no ______________ (comprender) aquellas preguntas.

2 De pequeño tú ______________ (ser) muy feliz.

3 Las chicas ______________ (bailar) salsa.

4 ¿Dónde ______________ (vivir) vosotros de niños?

5 Yo ______________ (hablar) con mi novio todas las noches.

6 Nosotros ______________ (viajar) a España todos los veranos.

7 Los abuelos ______________ (ver) la televisión todas las tardes.

8 Los niños me ______________ (preguntar) con frecuencia si existía el Papá Noel.

Ejercicio 2

주어진 동사의 불완료 과거형을 사용하여 글을 완성하세요.

La casa de mi abuela **1**___________ (ser) grande y **2**___________ (tener) un patio lleno de flores blancas y rosadas. Recuerdo que cada tarde mi abuela **3**___________ (salir) al patio. Le **4**___________ (gustar) ver cómo el sol **5**____________ (ponerse) tras el horizonte y cómo la luna **6**___________ (aparecer).

2 과거 진행 (el pasado en progreso)

(1) 하나의 문장 내에서 두 개 이상의 불완료 과거 시제 동사를 사용하면 과거의 특정 시점에서 동시에 일어나고 있는 여러 가지 행위를 나타낼 수 있습니다.

Ayer mi madre **leía** el periódico mientras yo **estudiaba**.
어제 내가 공부할 동안 어머니는 신문을 읽고 계셨어.

Mientras mis padres **dormían**, yo **jugaba** a los videojuegos.
부모님이 주무시고 계시는 동안 나는 비디오 게임을 하고 있었다.

(2) 완료 과거 시제와 함께 쓰여 과거 특정 시점에서 이미 진행되고 있는 행위를 나타낼 때 사용합니다.

Cuando me llamaste anoche, yo **pensaba** en ti.
어젯밤에 네가 전화했을 때 네 생각을 하고 있었어.

Cuando todo el mundo ya **estaba** en la cama, de pronto, se oyó un grito.
모두가 이미 잠자리에 들었을 때 갑자기 비명 소리가 들렸다.

(3) 스페인어에서 '~하고 있었다'를 뜻하는 과거 진행형은 불완료 과거형을 사용하여 나타낼 수도 있지만 해당 동사의 현재 분사형과 estar 동사의 불완료 과거 시제를 사용하여 나타낼 수도 있습니다. 현재 진행 시제의 경우와 마찬가지로, 주어에 따른 인칭 활용을 해야 하는 동사는 estar이며, 현재 분사형은 형태 변화가 없습니다.

José **estaba hablando** por teléfono. 호세는 전화 통화를 하는 중이었어.
= **hablaba**

Nosotros **estábamos haciendo** mucho ruido. 우리들이 많은 소음을 내고 있었구나.
= **hacíamos**

심화 학습

ir 동사의 불완료 과거형 + a + 동사 원형: '~하려고 했다'를 나타내며, 과거의 어떤 행위에 대해 실현 의지나 의도는 있었으나 실제로 실현하지 못한 아쉬움이나 변명을 나타낼 때 사용합니다.

Mi familia **iba a acampar** en la montaña este fin de semana, pero ahora dicen que va a llover.
우리 가족은 이번 주말에 산에서 캠핑하려 했었으나 (그러질 못할 것 같아), 지금 (예보에 따르면) 비가 온다고 하네.

El año pasado Juan **iba a pasar** el verano en Argentina, pero no pudo, puesto que no tenía suficiente dinero.
작년에 후안은 아르헨티나에서 여름을 지내려 했으나 그러지 못했어, 왜냐하면 돈이 충분하지 않았기 때문이야.

Ejercicio 3

괄호 안에 주어진 동사를 불완료 과거형으로 바꿔 문장을 완성하세요.

1 Ayer te vi cuando tú ______________ (salir) de casa.

2 Julio estaba dormido en la clase anterior cuando la profesora ______________ (explicar) el tema.

3 Mientras los hijos ______________ (desayunar) aquella mañana, la mamá hacía la maleta para el viaje.

4 Cuando yo ______________ (venir) a casa, me encontré con mi viejo amigo Miguel.

5 Yo ______________ (ir) a hablar con el profesor, pero no pude porque no estaba en su despacho.

6 El fin de semana pasado nosotros ______________ (ir) a ver ese programa, pero no pudimos porque llegamos demasiado tarde.

Ejercicio 4

다음 밑줄 친 불완료 과거형 동사를 'estar 불완료 과거형 + 현재 분사'의 형태로 바꿔 과거 진행 시제를 써 보세요.

1 En aquel momento, mi familia <u>iba</u> al zoo.
→ ______________

2 Yo <u>tomaba</u> un helado en el camino.
→ ______________

3 Mis hermanos menores <u>jugaban</u> a la pelota.
→ ______________

4 Juana y yo <u>paseábamos</u> en el parque.
→ ______________

5 Los ancianos <u>leían</u> en el banco largo.
→ ______________

6 Tú <u>volabas</u> una cometa.
→ ______________

7 Otros niños <u>montaban</u> en bicicleta.
→ ______________

8 Un jovencito <u>dormía</u> en el césped.
→ ______________

3 완료 과거와 불완료 과거의 비교 (el pretérito indefinido vs. el pretérito imperfecto)

(1) 완료 과거는 일회성을 띠거나 혹은 이미 완료된 동작이나 상태를 나타내는 반면에, 불완료 과거는 반복적으로 일어나거나 혹은 지속적이고 진행되고 있는 동작이나 상태를 나타냅니다.

Ayer **toqué** el piano dos horas.
어제 나는 피아노를 두 시간 쳤다.

De niña, **tocaba** el piano dos horas cada día.
어릴 적에 나는 피아노를 매일 두 시간씩 쳤다.

Ayer a las siete **llovió** en el pueblo.
어제 7시에(부터) 마을에 비가 왔다(오기 시작했다).

Ayer a las siete **llovía** en la ciudad.
어제 7시에 도시에 비가 내리고 있었다.

(2) 한 문장 내에서 두 시제가 함께 사용될 경우에는, 완료 과거 시제는 과거 어느 시점에 일어난 행위나 그때의 상태를 나타내고 불완료 과거 시제는 해당 사건의 배경을 설명하거나 이미 진행되고 있는 행위를 나타냅니다.

Me **duchaba** en el baño cuando **sonó** el timbre.
초인종이 울렸을 때 나는 샤워 중이었다.

Pasé todo el día en casa porque **estaba** muy cansada.
너무 피곤했기 때문에, 하루 종일 집에서 시간을 보냈어.

El pianista **tenía** diecinueve años cuando **ganó** su primer concurso.
그 피아니스트는 첫 콩쿠르에서 우승했을 때 열아홉 살이었어.

(3) 하나의 이야기를 구성할 때, 두 과거형의 차이는 두드러집니다. 완료 과거가 주요한 사건의 뼈대를 형성하여 시간 순서대로 전개해 나간다면, 불완료 과거는 해당 사건의 배경을 설명하거나 인물을 묘사합니다.

El príncipe **se enamoró** de Cenicienta a primera vista. ¡Qué guapa y elegante **era**!
왕자는 신데렐라를 보고 첫눈에 사랑에 빠졌다. (그녀가) 얼마나 아름답고 우아했던지!

Hacía fresco. **Eran** las ocho y media. Mi esposo **cenaba** y yo **veía** la tele. **Esperábamos** a nuestra hija.
선선한 날씨였다. 여덟시 반이었다. 내 남편은 저녁을 먹고 있었고 나는 TV를 보고 있었다. 우리는 딸을 기다리고 있었다.

Por fin, **volvió** Marta. **Se quitó** el abrigo y **se sentó** en el sofá. No nos **miró** ni nos dijo nada. De repente, **se puso** a llorar.
마침내, 마르타가 돌아왔다. 외투를 벗고 소파에 앉았다. 우리를 보지도 않았고, 우리에게 아무 말도 하지 않았다. 갑자기 울기 시작했다.

(4) conocer, saber, poder, querer, estar, ser, tener 등과 같은 몇몇 상태 동사의 경우 불완료 과거형을 사용하면 상태의 지속을 나타냅니다. 반면, 완료 과거형을 사용할 경우 상태의 변화나 완결됨을 나타내며 기간이 명시된 경우에도 완료 과거형을 씁니다.

	불완료 과거	완료 과거
conocer (경험을 통해 사람이나 장소를) 알다	Creo que ya **conocías** al profesor Shin, ¿no? 내가 보기에 너는 이미 신 교수님을 알고 있었어, 맞지?	El viernes pasado **conocí** a tu hermano mayor en una fiesta. 지난 금요일에 너희 오빠를 어느 파티에서 (처음) 만났어.
saber (지식이나 정보를) 알다	Yo ya **sabía** que Sofía y Juana eran hermanas. 나는 소피아와 후아나가 자매 사이라는 사실을 이미 알고 있었어.	Ayer **supe** que Sofía salía con Juan. 나는 소피아가 후안이랑 사귄다는 사실을 어제야 알게 되었어.
(no) poder ~할 수 있다(없다)	**Podía** hacerlo. 그 일을 할 수 있었어. (가능성만 언급)	**Pude** hacerlo por fin. 결국 그 일을 해낼 수 있었어. (실현 여부까지 언급)
(no) querer ~(안) 좋아하다	**No quería** hacerlo. 그 일을 하고 싶지 않았어. (심리 상태만을 언급)	**No quise** hacerlo. 그 일을 하기 싫어서 안 했어. (실현 여부까지 언급)
estar (~에) 있다, (~한 상태)이다	¿Cómo **estabas** anoche sin tus hijos? 너 어젯밤에 아이들 없이 어땠니?	¿Cuánto tiempo **estuviste** en Perú? 너는 페루에 얼마동안 있었니(살았니)? (기간이 명시되어 완결됨을 의미, 즉, 더 이상 그곳에 있지 않음을 암시)
ser ~이다	De niña **era** muy tímida. 어린 시절 나는 매우 소심한 성격이었다.	**Fui** presidenta del club tres años. 나는 삼 년간 동아리 회장이었다. (더는 회장이 아님을 암시)

Ejercicio 5

다음 중 문맥에 알맞은 과거 시제형을 고르세요.

El jueves pasado mi profesora de Antropología **1** (decía / dijo) que nosotros **2** (íbamos / fuimos) a tener un examen en unos días. Al terminar la clase, **3** (decidía / decidí) ir a la biblioteca para leer un libro que **4** (tenía / tuvo) reservado. Se lo **5** (pedía / pedí) a la bibliotecaria y ella me lo **6** (traía / trajo) después de un rato. **7** Allí (había / hubo) muchos estudiantes que **8** (leían / leyeron) sus textos. **9** (Eran / Fueron) las seis, cuando **10** (regresaba / regresé) a casa a cenar con mi familia.

Ejercicio 6

괄호 안의 동사를 문맥에 알맞은 과거 시제형으로 바꿔 글을 완성하세요.

Tuve mala suerte el lunes pasado. **1** ________________ (Despertarse) con un dolor de cabeza horrible y **2** ____________ (llegar) tarde a la clase de español, a las diez de la mañana. **3** ¡____________ (Tener) mucho sueño! En esa clase, mientras el profesor **4** ____________ (hablar), yo **5** ________________ (dormirse) y **6** ____________ (empezar) a roncar. De golpe mi libro de texto **7** ________________ (caerse) al suelo. El profesor **8** ____________ (fijar) su mirada en mí y **9** ____________ (gritar): "¡Nadie puede dormir en mi clase! ¡Fuera de aquí!" Yo **10** ____________ (tener) que levantarme y caminar hacia la puerta, todo el mundo **11** ________________ (reírse).

다음 글은 〈신데렐라〉 이야기입니다. 밑줄 친 동사를 알맞은 과거 시제형으로 바꿔 쓰세요.

Hay una chica muy joven y bella en un lejano reino. Se llama Cenicienta. Vive con su madrastra y dos hermanastras porque su madre muere cuando ella es pequeña. Cenicienta tiene que limpiar toda la casa incluso la chimenea así que siempre está manchada de ceniza. Por eso la llaman Cenicienta. Un día, el rey de aquel lugar organiza un gran baile e invita a todas las doncellas del país, porque querer elegir una esposa para su hijo. Al cabo de unos días llega el día del baile. Cenicienta quiere ir al baile, pero no tiene vestido ni zapatos. La madrastra y sus dos hijas salen de casa y se marchan hacia el palacio real. Cenicienta se queda sola en casa y se pone a llorar. De repente, un hada madrina aparece delante de ella y saca su varita mágica.

Ejercicio 8

다음 중 알맞은 동사의 과거형을 골라 문장을 완성하세요.

1 Ayer yo (supe / sabía) que el hijo mayor de mi vecino es mi nuevo estudiante.

2 Anteayer fui al parque con mis sobrinas. Traté de patinar con ellas, pero no (pude / podía). ¡Ya estoy vieja!

3 El vestido que llevaba Sofía (fue / era) rojo y elegante.

4 ¡Qué antipática es la novia de Joaquín Vargas! La (conocí / conocía) anoche en la fiesta.

5 Mi padre (fue / era) jefe de una empresa informática durante doce años. Ahora está jubilado.

6 Luis ya (supo / sabía) leer y escribir a los tres años.

후치형 소유사 (los posesivos pospuestos)

(1) 일반적으로 소유사는 명사 앞에 위치하지만 명사 뒤에 오는 경우 후치형 소유사라고 합니다. 후치형 소유사는 앞에 오는 명사와 성·수 일치시킵니다.

		단수			복수		
1인칭	남성 여성	mío mía	míos mías	나의	nuestro nuestra	nuestros nuestras	우리의
2인칭	남성 여성	tuyo tuya	tuyos tuyas	너의	vuestro vuestra	vuestros vuestras	너희의
3인칭	남성 여성	suyo suya	suyos suyas	그의 그녀의 당신의 그것의	suyo suya	suyos suyas	그들의 그녀들의 당신들의 그것들의

el amigo **mío** 나의 친구
los vecinos **míos** 나의 이웃들
la casa **nuestra** 우리 집
la amiga **tuya** 너의 친구
los vecinos **tuyos** 너의 이웃들
las joyas **vuestras** 너희 보석들

(2) ser 동사 뒤에 관사 없이 후치형 소유사를 써서 '(누구)의 것이다'를 표현합니다.

A ¿De quién es esta bicicleta? 이 자전거는 누구의 것이지?
B No es **mía**. Es de Javier. 내 것은 아니야. 하비에르의 것이야.

Estos pantalones son **tuyos**. 이 바지는 네 거야.
Aquella obra era **suya**. 저 작품은 그의(그녀의/당신의/그들의/그녀들의/당신들의) 것이야.

(3) 소유 대상을 가리키는 명사가 앞 문맥에서 이미 언급되어 있는 경우 중복해서 쓰지 않고 '정관사 + 후치형 소유사'로 주로 나타냅니다.

A ¿Dónde están nuestros cuadernos? 우리 공책들이 어디 있지?
B **Los míos** están aquí, pero **los tuyos** están encima del escritorio.
나의 것들은 여기 있는데 너의 것들은 책상 위에 있어.

Ella quiere mi ordenador y yo prefiero **el suyo**. 그녀는 내 컴퓨터를 원하고, 나는 그녀의 것을 원한다.

(4) ¡명사 + 후치형 소유사!: 관사 없이 명사와 후치형 소유사만 써서 누군가를 부르는 호격을 나타냅니다.

¡Amor **mío**! 내 사랑!
¡Dios **mío**! 나의 신이시여!

심화 학습

'~ 중의 하나'를 가리킬 때는 '부정 관사 + 명사 + 후치형 소유사'를 씁니다.

Una tía nuestra vive en Estados Unidos. 우리 이모 중 한 분은 미국에 사신다.

Ejercicio 9

다음 상황에서 주어진 질문에 알맞은 대답을 골라 연결하세요.

1 ¿De quién es esta mochila?

2 ¿De quién son estos libros?

3 ¿Son nuestras estas entradas?

4 ¿Es mío este paraguas?

ⓐ Sí, es tuyo.

ⓑ Es mía.

ⓒ Sí, son nuestras.

ⓓ Son de mis amigos. Son suyos.

Ejercicio 10

빈칸에 '정관사 + 후치형 소유사'를 써서 대화를 완성하세요.

1 A ¿Es tuya esta camiseta?
B No, _______________ es más grande.

2 A ¿De quién es este paraguas?
B No es mío. Yo tengo _______________ aquí.

3 A ¿Es de Javier este coche?
B No, _______________ es más pequeño.

4 A ¿Son de ustedes estas maletas?
B No, _______________ son aquellas.

5 A ¿Estos zapatos son de la profesora Martínez?
B No, _______________ son de color rojo.

LECCIÓN 6

Esta ciudad fue construida por los incas

TEMAS

- El turismo
- La economía
- Las noticias

FUNCIONES

- Hablar de los lugares turísticos
- Abrir la cuenta y cambiar moneda
- Dar la noticia a otra persona
- Hablar de una acción pasada anterior a otra acción del pasado

GRAMÁTICA

- La voz pasiva con 'ser'
- Los números 1 000 000~
- El pretérito pluscuamperfecto
- El repaso de los tiempos pasados: el pretérito indefinido, el pretérito imperfecto y el pretérito pluscuamperfecto

TEMAS Y ACTIVIDADES

TEMA 1 El turismo

PISTA 029

A Oye, ¿viste la película *La misión* en la tele el sábado pasado?

B No, pero, sé que trata de la historia de los guaraníes. Es muy triste y emotiva.

A Es verdad. Además, a mí me gustaron mucho la música y la fotografía de la peli. Sobre todo, me impresionaron las Cataratas del Iguazú.

B Por cierto, ¿sabes qué significa Iguazú?

A Sí, es una palabra guaraní que hace referencia a una gran cantidad de agua.

Actividad 1

PISTA 030

Lea y escuche las siguientes descripciones y relacione cada una de ellas con la imagen correspondiente.

1 Esta ciudad del Imperio inca fue edificada con grandes bloques de piedras. ______

2 Las estatuas de piedra de la Isla de Pascua fueron talladas por sus habitantes probablemente como representaciones de sus antepasados. ______

3 Esta ciudad de impresionantes pirámides ya estaba deshabitada cuando llegaron los aztecas. ______

4 Las islas son conocidas por los estudios de Charles Darwin, quien desarrolló su teoría de la evolución basada en la selección natural. ______

ⓐ Teotihuacán

ⓑ los moáis

ⓒ las Galápagos

ⓓ Machu Picchu

Actividad 2

PISTA 031

Escuche el siguiente diálogo y enumere las imágenes según su orden cronológico.

(   ) – (   ) – (   ) – (   )

1

2

3

4

Actividad 3

Asocie las siguientes obras maestras del mundo hispano con sus autores y hable con su compañero/a, siguiendo el modelo.

Modelo

A ¿Quién pintó el cuadro *Guernica*?

B El cuadro *Guernica* fue pintado por Pablo Picasso.

1 pintar el cuadro *Guernica*	• — •	ⓐ Antoni Gaudí
2 escribir la novela *El Quijote*	• •	ⓑ Pablo Picasso
3 diseñar *La Sagrada Familia de Barcelona*	• •	ⓒ Diego Velázquez
4 pintar el cuadro *Las Meninas*	• •	ⓓ Gabriel García Márquez
5 recibir el Premio Nobel de Literatura por su novela *Cien años de soledad*	• •	ⓔ Miguel de Cervantes

Actividad 4

Entreviste a su compañero/a para saber cómo le fue en las vacaciones pasadas.

1 ¿Adónde fuiste de viaje en las vacaciones pasadas? ¿Fuiste tú solo/a o con alguien?

2 ¿Qué lugares visitaste? ¿Cuál te gustó más? ¿Por qué?

3 ¿Qué comida típica comiste? ¿Cómo se llama el plato?

4 ¿Qué recuerdos compraste? ¿Te costaron mucho dinero? ¿Pagaste en efectivo o con tarjeta?

5 ¿Dónde te alojaste? ¿En un hotel de lujo o en un hotel económico? ¿Tu habitación tenía buenas vistas?

6 ¿Cuánto te costó el viaje en total? ¿Cómo conseguiste el dinero para el viaje? ¿Trabajaste?

2 TEMA

La economía

PISTA 032

A Buenos días, quería abrir la cuenta.

B Muy bien. ¿Puede enseñarme su pasaporte, por favor?

A Aquí lo tiene, señorita. Una cosa más, ¿el banco ofrece el servicio de banca electrónica?

B Sí, señor.

A De ahora en adelante no quiero perder el tiempo haciendo largas filas.

B Bueno, ya está todo listo para su nueva cuenta de banco. ¿Cuánto quiere depositar en ella?

A Mil pesos, aquí tiene. Gracias por todo.

Actividad 5

Entreviste a su compañero/a sobre en qué gasta su dinero.

1. ¿Cuánto gastas al mes? ¿En qué gastas la mayor parte de tu dinero?
2. ¿Crees que gastas demasiado dinero en algo? ¿En qué?
3. ¿Tienes cuenta bancaria? ¿Cuándo la abriste?
4. ¿Te cuesta llegar a fin de mes? ¿Ahorras dinero? ¿Qué haces para ahorrar?
5. ¿Crees que eres una persona responsable económicamente?
6. ¿Cuánto quieres ganar en tu futuro trabajo después de graduarte de la universidad?

Actividad 6

Realice una situación comunicativa con su compañero/a en la que uno vaya a cambiar dinero al banco, siguiendo el modelo.

Modelo

- 200 dólares (USD) → euros (EUR)

A Buenos días, quería cambiar 200 dólares a euros.

B El tipo de cambio es un dólar a 0,80 euros. En total, son 160 euros. ¿Quiere billetes pequeños o grandes?

A Cinco billetes de 20 euros y seis billetes de 10 euros.

B Aquí los tiene.

1. 10 000 yenes (JPY) → wones (KRW)
2. 5 000 pesos mexicanos (MXN) → dólares (USD)
3. 200 euros (EUR) → libras (GBP)
4. 500 000 wones (KRW) → yuanes (CNY)

TEMA 3 Las noticias

PISTA 033

A Oye, Carlos, acabo de ver las noticias en tele y dijeron que había ocurrido un terremoto tremendo en México.

B ¿De veras? ¿En qué zona? Es que mi familia vive en la Ciudad de México.

A No estoy segura, pero creo que las zonas afectadas están muy lejos de allí.

B Oye, nos hablamos más tarde. Ahora mismo prefiero leer la noticia sobre el terremoto.

Actividad 7

Converse con su compañero/a sobre lo que dijeron los reporteros en la televisión siguiendo el modelo.

Modelo

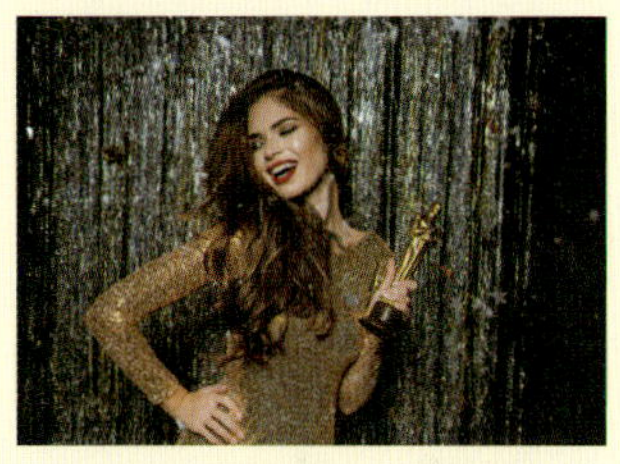

- La actriz ganó el Óscar a la mejor actriz principal.

A ¿Qué dijo el reportero en las noticias?

B Dijo que la actriz había ganado el Óscar a la mejor actriz principal.

1

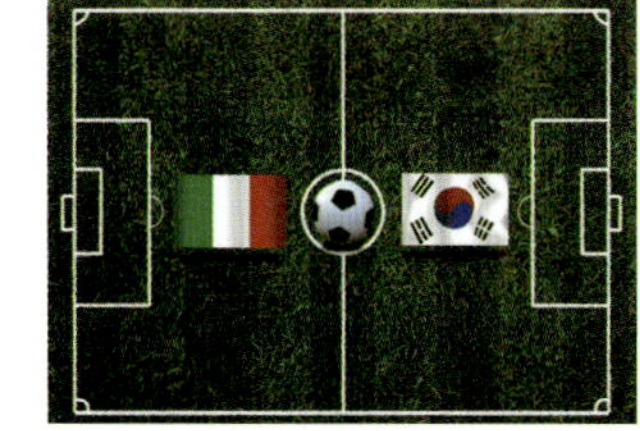

Corea venció a Italia por dos a uno en la Copa Mundial.

2

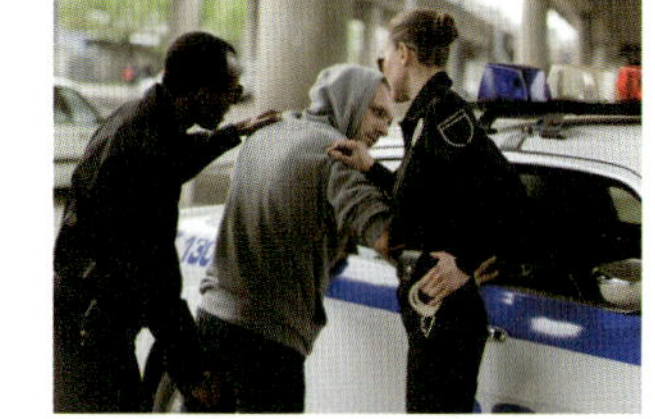

La policía atrapó a los atracadores del banco.

3

El alpinista llegó a la cima del monte Everest con mucha dificultad.

4

El incendio se expandió hasta muy dentro de la montaña.

5  Estalló una bomba en la ciudad.

Actividad 8

Exprese qué había ocurrido cuando Ud. hizo las siguientes acciones siguiendo el modelo.

Modelo

→ Ya se había ido el tren cuando llegué a la estación.

(yo: llegar a la estación / el tren: ya irse)

1 

→ ______________________________

____

(yo: llegar a casa / mi mamá: ya preparar la cena)

2 

→ ______________________________

____

(yo: entrar en su habitación / mi hermano: aún no levantarse)

3  → ______________________________

____

(yo: poner la televisión / mi telenovela favorita: ya acabarse)

4  → ______________________________

____

(yo: salir de viaje / el tiempo: ya empezar a nevar)

5  → ______________________________

____

(yo: llegar al lugar de la cita / mi novia: ya marcharse)

6  → ______________________________

____

(yo: ir a comprar el libro / el libro: ya agotarse)

Actividad 9

Lea y escuche el siguiente diálogo en una comisaría y marque si las siguientes afirmaciones son verdaderas (V) o falsas (F).

PISTA 034

Policía	¿En qué puedo servirle, señor?
Fernando	Vengo a denunciar un robo. Cuando regresé a casa, me encontré con las ventanas abiertas y enseguida supe que me habían robado.
Policía	¿Había cerrado usted bien las ventanas cuando se marchó de casa?
Fernando	Claro que sí. Seguro que los ladrones las abrieron con un palo porque encontré uno debajo de una de las ventanas.
Policía	¿Cómo encontró la casa?
Fernando	¡Uf! Los ladrones habían revuelto todas las habitaciones y habían tirado todo al suelo.
Policía	¿Qué se llevaron?
Fernando	Se me llevaron el ordenador portátil de última generación.
Policía	¿Sabe usted si alguien pudo ver a los ladrones?
Fernando	No.
Policía	Nosotros vamos a hacer todo lo posible para detener a los ladrones. Muchas gracias por su declaración.
Fernando	Muchas gracias a usted.

	V	F
1 Fernando fue a la comisaría para denunciar el robo.	☐	☐
2 Los ladrones entraron por la puerta.	☐	☐
3 Le robaron a Fernando un ordenador de segunda mano.	☐	☐
4 Había un testigo que había visto a los ladrones.	☐	☐

VOCABULARIO Y EXPRESIONES

el turismo | 관광

el antepasado 조상
el/la azteca 아즈텍족 사람
el bloque 블록, 구역
la calefacción 난방 장치
la cantidad 양
la carretera 도로
la catarata 폭포
el coche de alquiler 렌트카
la estatua (조각)상
la evolución 진화
la grúa 견인차
el guaraní 과라니어
el/la guaraní 과라니족 사람
el habitante 거주민
la historia 역사, 이야기
la imagen 장면
el Imperio inca 잉카 제국
la menina 시녀
la misión 사명, 임무
el/la moái 모아이족 사람
el paisaje 풍경
la película 영화
la pirámide 피라미드
el premio 상
el recuerdo 기념품
la representación 표현, 표상
la selección natural 자연 선택
la soledad 고독
la teoría 이론
la vista 전망
cronológico/a 연대순의
emotivo/a 감동적인, 감격적인
turístico/a 관광의
alojarse 숙박하다
arreglar 고치다
conseguir 성취하다
costar (돈이, 노력이) 들다
desarrollar 발전시키다, 개발하다
deshabitar (아무도) 살지 않다, 비워 두다
edificar 건설하다
establecer 정립하다
funcionar 작동하다
hacer referencia a ~을/를 언급하다
ir de viaje 여행 가다
pagar con tarjeta 카드로 지불하다
pagar en efectivo 현금으로 지불하다
perder el tiempo 시간을 낭비하다
reparar 수리하다
significar 의미하다
tallar 조각하다
tratar de ~을/를 다루다
unir 연결하다
así que 그래서
con cuidado 조심스럽게
de lujo 호화로운
en lo más alto de 가장 높은 곳에
en total 합산해서
entre sí 그들 사이에서 (재귀)
por cierto 그건 그렇고
sobre todo 특히
¡Madre mía! 이런!
¡Qué mal! 그거 참 안됐다!
¡Qué va! 절대 아니야!

la economía | 경제

la banca 금융업

el banco 은행

el billete 지폐

la cuenta bancaria 은행 계좌

el dólar(USD) (미국) 달러화

el euro(EUR) (유럽연합) 유로화

la fila 열, 줄

la libra(GBP) (영국) 파운드화

el pasaporte 여권

el peso(MXN) (멕시코) 페소

el servicio de banca electrónica 인터넷 뱅킹

el won(KRW) (한국) 원화

el yen(JPY) (일본) 엔화

el yuan(CNY) (중국) 위안화

abrir una cuenta 계좌를 개설하다

ahorrar 아끼다, 저축하다

cambiar 환전하다

depositar 예금하다

enseñar 보여 주다

ofrecer 제공하다

económicamente 경제적으로

de ahora en adelante 지금부터 앞으로

Aquí (lo/la/los/las) tiene(s). 여기 있어./있습니다.

la noticia | 소식, 뉴스

el/la alpinista 등산가

el/la atracador/a 강도

la cima 정상

la cita 약속

la comisaría 파출소

la Copa Mundial 월드컵 경기

la declaración 진술

la estación 역, 정거장

el incendio 화재

el ladrón/la ladrona 도둑

el monte 산

el ordenador portátil 노트북

el palo 몽둥이

la policía 경찰서, (집합 명사) 경찰

el robo 도난 사건

la telenovela 텔레비전 드라마

el terremoto 지진

el testigo 증인

la zona 지역

afectado/a 영향을 받은

tremendo/a 엄청난, 무시무시한

de segunda mano 중고의

agotarse 고갈되다, 다 팔리다

atrapar 잡다

denunciar 신고하다

detener 체포하다

estallar 터지다, 폭발하다

expandirse 퍼져 나가다

marcharse 떠나다, 출발하다

nevar 눈이 내리다

poner la televisión TV를 켜다

revolver 뒤집어엎다

robar 훔치다

salir de viaje 여행을 떠나다

tirar 던지다

vencer 이기다

aún 아직

con dificultad 어렵게

¿En qué puedo servirle? 무엇을 도와드릴까요?

GRAMÁTICA Y EJERCICIOS

1 ser 수동 구문 (la voz pasiva con 'ser')

(1) 'ser 동사 + 과거 분사'를 사용하여 수동 구문을 나타낼 수 있습니다. 이때, 수동 구문의 주어는 어떤 동작의 행위자가 아니라 그 동작을 받는 대상이 됩니다. 이 구문에 상응하는 능동 구문이 존재합니다.

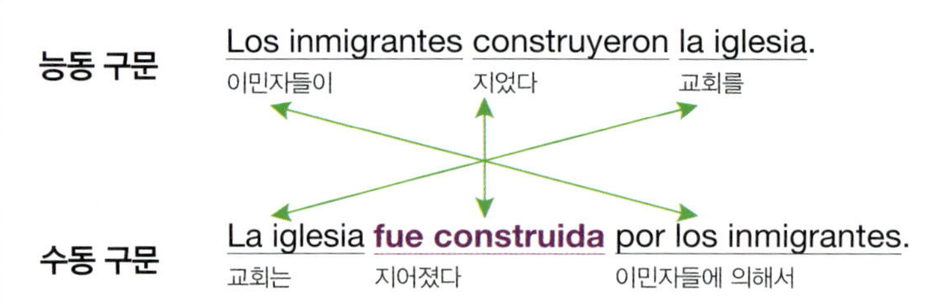

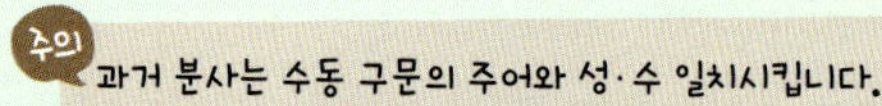

주의
과거 분사는 수동 구문의 주어와 성·수 일치시킵니다.

(2) 수동 구문의 주어는 어떤 동작의 행위자가 아니라 그 동작을 받는 대상이 되며 동사구 뒤에 위치한 'por + 행위자'는 경우에 따라 생략될 수도 있습니다.

La radio **fue inventada** por Guglielmo Marconi.
라디오는 구글리엘모 마르코니에 의해 발명되었다.

La bicicleta **ha sido reparada** por mi tío.
자전거가 내 삼촌에 의해 수리되었다.

El hospital **será inaugurado** la próxima semana.
병원이 다음 주에 개원할 것입니다.

Las escuelas **fueron supervisadas** por expertos educacionales.
학교들은 교육 전문가에 의해 관리 감독되었다.

Todos los discursos del presidente han **sido grabados** (por las emisoras).
대통령의 모든 연설이 (방송국에 의해) 녹화되었다.

El racismo va a **ser combatido** por medio de programas educativos.
인종 차별이 교육 프로그램을 통해 줄어들 것이다.

다음 문장을 〈보기〉와 같이 ser 수동 구문으로 바꾸세요.

보기

Cristóbal Colón descubrió América en el año 1492.

→ América fue descubierta por Cristóbal Colón en el año 1492.

1 Dos jóvenes asaltaron la joyería anoche.
→ ______________________________.

2 La policía ha detenido a los manifestantes.
→ ______________________________.

3 Frida Kahlo pintó aquella obra.
→ ______________________________.

4 Los obreros coreanos construyeron esos edificios tan altos.
→ ______________________________.

5 Esta noche el juez ha tomado una decisión muy crítica.
→ ______________________________.

6 Mi vecino ha preparado estos platos coreanos.
→ ______________________________.

Ejercicio 2

괄호 안의 동사를 시제에 맞는 ser 수동형으로 바꿔 문장을 완성하세요.

1 Estos coches van a __________ __________ (sortear) el viernes por la tarde.

2 Estas preciosas obras han __________ __________ (exponer) en las principales salas del museo arqueológico.

3 El hangul __________ __________ (crear) por el rey Sejong.

4 Los presos van a __________ __________ (liberar) este lunes.

5 La ciudad de Machu Picchu __________ __________ (considerar) una obra maestra de la arquitectura y la ingeniería.

6 Los cadáveres no han podido __________ __________ (identificar) por la policía.

2 숫자 1,000,000~ (los números 1 000 000~)

(1) 숫자 millón(백만)은 명사입니다. 백만 다음에 다른 단위의 숫자가 올 경우에는 de를 필요로 하지 않지만 백만 바로 다음에 명사가 올 경우에는 전치사 de를 필요로 합니다.

un millón trescientos mil euros
130만 유로

tres millones trescientos mil habitantes
330만 명의 거주자

un millón **de** euros
100만 유로

tres millones **de** habitantes
300만 명의 거주자

(2) 백만보다 큰 단위의 숫자는 다음과 같습니다.

diez millones 천만 (10,000,000)
mil millones 십억 (1,000,000,000)
un billón 1조 (1,000,000,000,000)
cien millones 일억 (100,000,000)
cien mil millones 천억 (100,000,000,000)

심화 학습

대략적이면서 막연한 수는 다음과 같이 해당 자릿수의 복수형으로 나타냅니다.

수십 개의 볼펜들 **decenas** de bolígrafos
수천 명의 시위자들 **miles** de manifestantes
수백 명의 군인들 **cientos** de soldados
수백만 마리의 개미들 **millones** de hormigas

Ejercicio 3

다음의 숫자를 스페인어로 써 보세요.

1 1 234 567 ______

2 71 532 148 ______

3 49 830 000 habitantes ______

4 987 104 321 personas ______

5 9 573 000 000 libras ______

6 1 711 491 000 000 dólares ______

3 과거 완료 (el pretérito pluscuamperfecto)

(1) 'haber 불완료 과거형 + 과거 분사'를 사용하여 과거 완료 시제를 나타냅니다. 이때 과거 분사는 동사구의 일부로 사용되었기 때문에 주어에 따른 성·수 변화를 하지 않습니다.

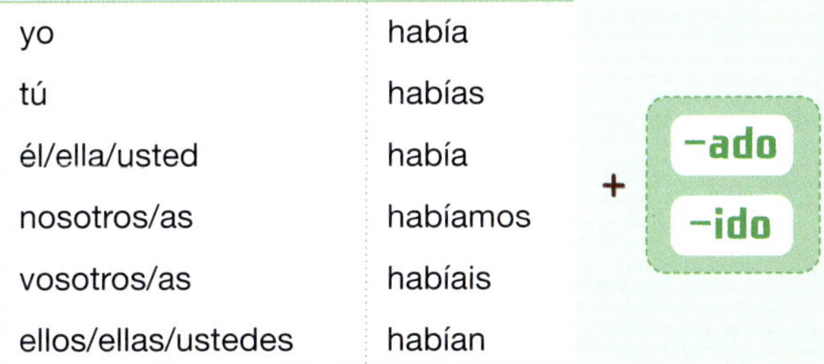

yo	había		
tú	habías		
él/ella/usted	había	+	-ado
nosotros/as	habíamos		-ido
vosotros/as	habíais		
ellos/ellas/ustedes	habían		

(2) 과거 완료 시제는 과거의 한 시점을 기준으로 그 이전에 이미 완료된 행위를 표현할 때 씁니다.

Cuando conocí a Ana, ella ya **había terminado** la carrera.
내가 아나를 만났을 때 그녀는 이미 대학을 졸업하였다.

Cuando María tuvo su primer hijo, aún no **había cumplido** veinte años.
마리아가 첫 아이를 낳았을 때는 채 스무 살도 안 됐다.

Ayer no fui al cine con mis compañeros porque ya **había visto** la película.
어제 나는 동료들과 영화관에 같이 가지 않았다. 왜냐하면 나는 이미 그 영화를 봤기 때문이다.

A ¿Por qué suspendiste? 왜 낙제했니?
B No **había estudiado** nada. 공부를 하나도 안 했어.

Ejercicio 4

주어진 동사의 과거 완료형을 사용하여 문장을 완성하세요.

1 Cuando volví a casa ayer, mis padres ya ________ ____________ (salir) de viaje.

2 Cuando nos levantamos, aún no ________ ____________ (amanecer).

3 No pudimos sacar las entradas porque ya ________ ____________ ____________ (agotarse).

4 Cuando decidí comprar esa casa, (ellos) ya la ________ ____________ (vender).

5 Cuando entramos en el cine, la película ya ________ ____________ (empezar).

6 Cuando Juan llamó por teléfono a Ana, ella ya ________ ____________ ________(acostarse).

7 Ella leyó todos los libros que le ________ ____________ (recomendar) la profesora.

Ejercicio 5

알맞은 동사를 골라 과거 완료형으로 바꿔 써 보세요.

entrenar	romper	intentar	recibir

Los bomberos entraron en el edificio por las ventanas que **1**________________ con sus hachas. Sabían perfectamente qué tenían que hacer, ya que **2**________________ muy duro para situaciones como esa. A medianoche ya estaban agotados porque **3**________________ apagar el fuego durante más de seis horas sin éxito. Afortunadamente, entonces, llegaron los soldados que **4**________________ la llamada de petición de ayuda.

Ejercicio 6

〈보기〉와 같이 cuando를 이용하여 두 문장을 하나의 문장으로 만들어 보세요.

보기

La conferencia sobre *El Quijote* se acabó. ➔ Llegué a la facultad.
→ Cuando llegué a la facultad, la conferencia sobre *El Quijote* ya se había acabado.

1 El avión a Nueva York se fue. ➔ Llegué al aeropuerto.
→ ________________________________

2 Cerraron las tiendas. ➔ Juan fue a comprar comidas y bebidas.
→ ________________________________

3 Acabé la carrera de periodismo. ➔ Conocí a Marta.
→ ________________________________

4 Todos volvieron a su casa. ➔ Anocheció.
→ ________________________________

5 Yo limpié toda la casa. ➔ Llegaron mis padres.
→ ________________________________

6 Ella se acostó. ➔ La llamé por teléfono.
→ ________________________________

Ejercicio 7

다음 문장의 알맞은 원인을 찾아 연결하고 〈보기〉와 같이 하나의 문장으로 써 보세요.

1	Llegué tarde a la oficina.	ⓐ	Estudió mucho.
2	Juan sacó una buena nota.	ⓑ	Se cortó y se tiñó el pelo.
3	No pudo comprar nada.	ⓒ	Dejaron las llaves dentro.
4	No pudieron entrar en casa.	ⓓ	Tuve un pequeño accidente del coche.
5	No reconocimos a Ana.	ⓔ	Dejó la tarjeta de crédito en casa.
6	Te desmayaste.	ⓕ	No comiste ni bebiste nada.

보기

Llegué tarde a la oficina porque había tenido un pequeño accidente del coche.

2 ______________________________

3 ______________________________

4 ______________________________

5 ______________________________

6 ______________________________

4 과거 관련 시제 정리: 완료 과거, 불완료 과거, 과거 완료 (el repaso de los tiempos pasados: el pretérito indefinido, el pretérito imperfecto y el pretérito pluscuamperfecto)

(1) 완료 과거와 과거 완료는 모두 행위나 상태가 과거의 특정 시점에 이미 끝난 완료상을 나타냅니다. 단, 현재 시점에서 볼 때 더 가까운 과거에 완료된 행위나 상태는 완료 과거 시제를 쓰고 그 시점을 기준으로 그보다 이전에 완료된 일을 표현할 때는 과거 완료 시제를 씁니다.

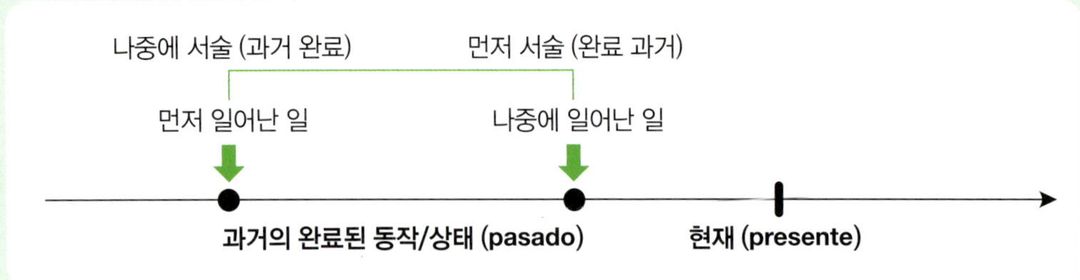

Cuando **llegué** a la estación, el tren ya **se había marchado**.
내가 역에 도착했을 때 기차는 이미 떠났다.

Cuando **me levanté**, mis hermanos ya **habían salido** de casa.
내가 일어났을 때, 내 형제들은 모두 이미 집에서 떠났다.

(2) 반면, 불완료 과거는 과거 시제 중에서 과거의 동작이나 상태가 특정 시점에 완료된 것이 아니라 과거의 일정 기간 중에 있었던 일이나 상황을 묘사하는 불완료상을 나타냅니다. 즉, 지속적이며 진행되고 있던 과거의 동작이나 상태를 말합니다. 불완료 과거는 과거의 특정 시점이 아닌 구간의 상황을 묘사하기 때문에 문장 내에서는 완료 과거형이나 과거 완료형과 함께 쓰이기도 합니다.

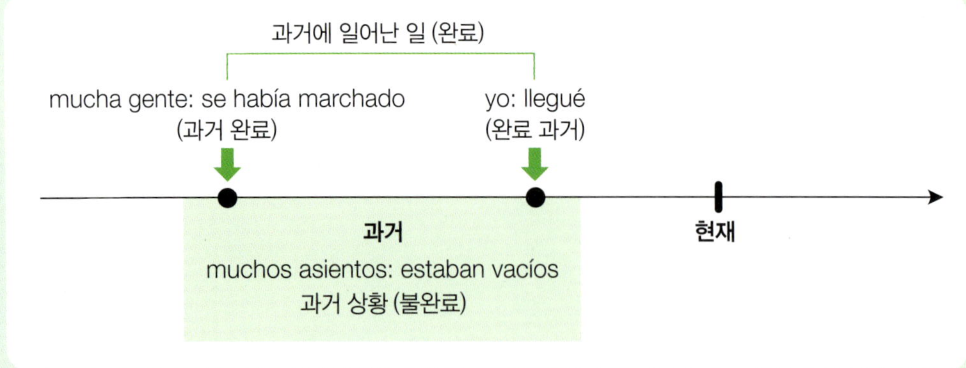

Cuando **llegué** a la cita, mucha gente **se había marchado** y muchos asientos **estaban** vacíos.
내가 11시에 약속 장소에 도착했을 때 이미 많은 사람들이 가 버린 후였고, 많은 좌석이 비어 있었다.

Cuando él **llegó** a casa, toda su familia ya **se había enterado** de su derrota y **estaba** bastante decepcionada.
그가 집에 도착했을 때, 모든 가족이 이미 그의 패배 소식을 접한 후였고, 상당히 실망한 상태였다.

Ejercicio 8

다음 중 문맥에 가장 알맞은 동사 형태를 고르세요.

Ayer **1** (fui / iba) a una fiesta organizada por mis compañeros de clase. **2** (Hubo / Había) buena música, mucha bebida y muchos platos para picar y la gente lo **3** (estuvo / estaba) pasando muy bien. Allí **4** (llegué / llegaba) a conocer a una chica que **5** (era / había sido) suiza y que **6** (venía / había venido) a España a aprender español. Pero en medio de la fiesta **7** (hubo / había) una pelea entre dos chicos que **8** (bebían / habían bebido) demasiado alcohol. Como no **9** (hacían / habían hecho) más que insultarse, los organizadores de la fiesta **10** (tenían / tuvieron) que expulsarlos.

Ejercicio 9

주어진 동사를 완료 과거, 불완료 과거, 과거 완료 중 맞는 시제로 바꿔 글을 완성하세요.

Cuando **1**______________ (yo, venir) a casa del trabajo, **2**______________ (yo, encontrarse) con un amigo del barrio. Como no **3**______________ (ser) muy tarde, **4**______________ (nosotros, ir) a tomar una copa a un bar donde **5**______________ (nosotros, estar) una vez antes. **6**______________ (estar) charlando hasta muy tarde. A las dos y media **7**______________ (yo, llegar) cansadísimo a casa y **8**______________ (yo, meterse) directamente a la cama sin haberme quitado la ropa. Esta mañana **9**______________ (yo, levantarse) muy tarde porque me **10**______________ (doler) todo el cuerpo.

Ejercicio 10

주어진 동사의 완료 과거, 불완료 과거, 과거 완료 시제를 사용하여 대화를 완성하세요.

A ¿Qué hiciste el sábado?

B Como no **1**______________ (quedar) con nadie, **2**______________ (estar) en casa viendo una película. ¿Y tú?

A **3**______________ (Ir) a una fiesta de despedida de soltero. Me **4**______________ (ellos, presentar) a dos italianos: Paolo y Giorgio. **5**______________ (Ser) muy simpáticos.

B ¡Ah, sí! Yo los **6**______________ (conocer) desde la Navidad pasada.

A ¿Qué tal la fiesta?

B Nos lo **7**______________ (pasar) genial.

다음 중 알맞은 동사를 골라 완료 과거, 불완료 과거, 과거 완료 중 맞는 시제로 바꿔 빈칸을 채워 보세요.

agotarse	caerse	dar	querer	hacer
ir	llamar	poder	romperse	tener

Ana ¿Cómo pasaste el fin de semana?

Belén **1**__________________ de compras con una amiga. Después nosotras **2**__________________ ir al teatro, pero no **3**__________________ entrar porque ya **4**__________________ las entradas.

Ana ¿De veras? Entonces ¿qué hiciste?

Belén Como no **5**__________________ frío, **6** (nosotras) __________________ un paseo por el centro de la ciudad. ¿Y tú?

Ana Yo **7**__________________ que quedarme en casa toda la tarde.

Belén ¿Por qué?

Ana Es que mis tíos me iban a visitar. Pero a las siete de la tarde me **8**__________________ para decirme que mi primo **9**__________________ por la escalera y que **10**__________________ una pierna.

LECCIÓN 7

¿Cómo será el mundo en el futuro?

TEMAS

- Los planes de futuro
- Las predicciones sobre el mundo futuro
- La entrevista del trabajo

FUNCIONES

- Hablar de los planes
- Adivinar y conjeturar los futuros cambios
- Dar opiniones sobre las situaciones hipotéticas

GRAMÁTICA

- El futuro simple
- El condicional
- Los pronombres con preposición

TEMAS Y ACTIVIDADES

TEMA 1 Los planes de futuro

PISTA 035

A ¿Qué vas a hacer después de graduarte?

B No lo sé todavía. Pero me gustaría ser creadora de YouTube.

A ¡No me lo puedo creer! ¡Pero si no te gustaban las nuevas tecnologías!

B Antes, no. Pero después de mi viaje por América, me encantan. Y tú ¿qué tipo de trabajo querrías conseguir?

A Creo que buscaré trabajo de periodista en algún periódico.

B ¡Seguro que lo encontrarás y que se te dará muy bien!

Actividad 1

Lea las siguientes afirmaciones e indique si forman parte de sus planes de futuro marcando Sí o No.

		Sí	No
1	Me casaré dentro de cinco años.	☐	☐
2	Viviré en el extranjero.	☐	☐
3	Hablaré al menos tres idiomas extranjeros al graduarme.	☐	☐
4	No trabajaré como empleado/a en una empresa. Montaré mi propio negocio.	☐	☐
5	Seré una persona famosa.	☐	☐

Actividad 2

Estos son los planes de Marcos para su próximo cumpleaños. Describa cada dibujo usando el futuro simple siguiendo el modelo.

• quedar con sus amigos sobre las dos

Marcos <u>quedará con</u> sus amigos sobre las dos.

1 

ver a sus amigos en el centro de la ciudad

2

ir al cine con ellos

3 

pasear por el parque charlando

4 

jugar al tenis con ellos en el parque polideportivo

5 

celebrar su cumpleaños en una cervecería

6 

beber mucho y pasarlo bien con ellos allí

Actividad 3

Complete las siguientes frases libremente.

1 Si organizo una cena con mis amigos, ______________________________.

2 Si necesito dinero para viajar, ______________________________.

3 Si voy de estudiante de intercambio, ______________________________.

4 Si vivo en un país extranjero, ______________________________.

5 Si no consigo un trabajo, ______________________________.

Actividad 4

Escuche los siguientes diálogos y relacione cada diálogo con la imagen correspondiente.

PISTA 036

1 ____________ **2** ____________ **3** ____________ **4** ____________

ⓐ 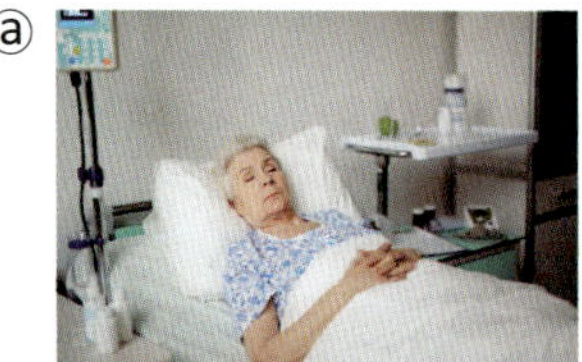

ⓑ 

ⓒ 

ⓓ 

Actividad 5

Haga conjeturas sobre las siguientes situaciones.

> **Modelo**
>
> Uno de tus compañeros no viene a clase.
>
> Estará enfermo.

1 Tu compañera está llorando.

____.

2 La reunión es ahora. No viene nadie.

____.

3 Tienes que pagar. Pero no encuentras tu cartera.

____.

4 Alguien llama a la puerta.

____.

5 La computadora no funciona.

____.

Las predicciones sobre el mundo futuro

PISTA 037

A ¿Has visto la película *El Marciano*?

B Sí, la vi con mi novia el sábado pasado. Nos impresionó muchísimo.

A ¿Crees tú que los seres humanos pisaremos el planeta rojo dentro de poco?

B No tengo ninguna idea.

A Quizá, como se ve en la película, algún día, se podrá habitar ese planeta, pero en mi opinión, es muy importante cuidar nuestro planeta.

B Totalmente de acuerdo contigo. La Tierra no es una herencia de nuestros padres sino un préstamo de nuestros hijos.

● La nueva generación

la cuarta revolución industrial

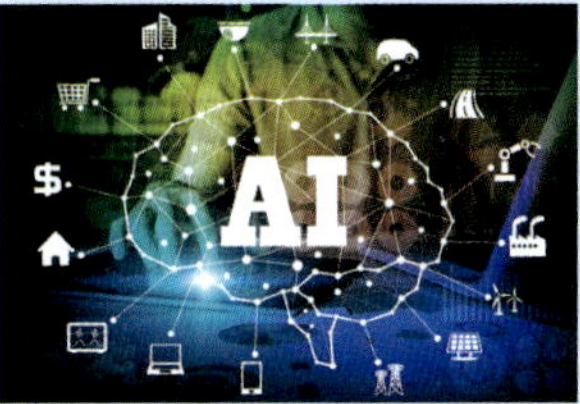

la inteligencia artificial

los vehículos eléctricos

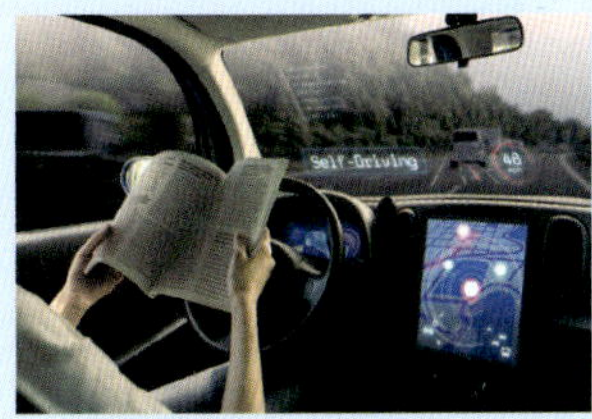

los automóviles sin conductor

la ingeniería genética

las energías renovables

Actividad 6

Dé su opinión sobre las siguientes predicciones en torno al mundo en diez años siguiendo el modelo.

Modelo

A Yo pienso que la esperanza de vida llegará a los cien años en una década.

B Estoy de acuerdo contigo, porque se inventarán medicamentos para curar muchas enfermedades. /
No estoy de acuerdo contigo, porque seguramente aparecerán nuevas enfermedades.

Predicciones	Estoy de acuerdo	No estoy de acuerdo
1 Las máquinas superarán a los seres humanos en inteligencia.		
2 Podremos tener hijos a la carta gracias a los avances en la genética.		
3 Todo el mundo usará autos sin conductor.		
4 La mayoría de la gente vivirá en una casa 'inteligente'.		
5 Encontraremos un planeta similar a la Tierra y nos instalaremos allí.		

Actividad 7

Relacione las dos oraciones lógicamente.

1 Si el viaje espacial es frecuente, •
2 Si los robots cuidan de los ancianos, •
3 Si las impresoras de tres dimensiones producen casas, •
4 Si las terapias celulares frenan el envejecimiento, •

• ⓐ no dependerán de sus hijos.
• ⓑ no se necesitará mucha mano de obra.
• ⓒ se extenderá la esperanza de vida.
• ⓓ yo iré a Marte.

Actividad 8

Lea y escuche el siguiente texto y marque si las siguientes afirmaciones son verdaderas (V) o falsas (F).

PISTA 038

<La cuarta revolución industrial>

Ya estamos en la era de la cuarta revolución industrial. Se caracteriza por el uso generalizado de la inteligencia artificial (I.A.), las redes sociales, el almacenamiento en la nube, etc. Estos avances tecnológicos nos traerán tanto beneficios como amenazas.

Por un lado, los robots y la inteligencia artificial mejorarán nuestra calidad de vida, ya que se encargarán de muchas de nuestras tareas. Gracias a las redes digitales, uno podrá mantenerse en contacto con un gran número de personas de manera inmediata independientemente de su ubicación.

No obstante, la automatización probablemente destruirá muchos puestos de trabajo provocando un creciente desempleo. Por otra parte, seguramente no se podrá proteger nuestra privacidad, ya que la tecnología hará más fácil vigilarnos en todos los lugares, tanto públicos como privados.

Por lo tanto, muchas de las decisiones tomadas de hoy en adelante determinarán nuestro futuro y nuestro modo de vida.

		V	F
1	La cuarta revolución industrial todavía no ha empezado.	☐	☐
2	La inteligencia artificial (I.A.), las redes sociales y el almacenamiento en la nube son las tecnologías que representan la cuarta revolución industrial.	☐	☐
3	Los hombres tendrán más trabajos gracias a la ayuda de los robots.	☐	☐
4	Se conservará la privacidad porque serán vigilados en los lugares públicos.	☐	☐

TEMA 3 La entrevista del trabajo

PISTA 039

A ¿En qué área le gustaría trabajar?

B Me gustaría trabajar en recursos humanos.

A ¿Cómo se describiría a sí mismo?

B Me describiría como una persona sincera y trabajadora.

A ¿Podría decirme cuáles son sus mejores virtudes?

B Soy capaz de hablar cuatro idiomas y tengo experiencia de interino en dos empresas como la suya.

Actividad 9

Hable con su compañero/a sobre los siguientes temas imaginando que usted está en una entrevista de trabajo.

1 ¿Cuáles serían sus principales habilidades?

2 ¿Trabaja mejor en grupo o solo/a?

3 ¿Qué tipo de puesto querría desempeñar usted?

4 ¿Cuánto dinero espera ganar como mínimo al mes?

5 ¿Cuál es su meta en la vida?

Actividad 10

Hable con su compañero/a de qué haría usted en las siguientes situaciones.

Modelo

• Tu jefe te pide hacer un trabajo injusto.

A Tu jefe te da más tareas que a los demás empleados. En este caso, ¿qué harías tú?

B Le pediría un reparto justo del trabajo entre todos.

1 Te enteras de que tu compañero recibe un soborno por parte de un cliente.

2 Te trasladan a un departamento en el que no deseas trabajar.

3 No te llevas bien con tus superiores.

4 Presencias un caso de acoso sexual en la empresa.

5 Te llegan dos trabajos al mismo tiempo. Uno con mucho sueldo y el otro con un buen ambiente laboral.

VOCABULARIO Y EXPRESIONES

el futuro | 미래

el almacenamiento en la nube 클라우드 컴퓨팅
el/la anciano/a 노인
la automatización 자동화
el automóvil sin conductor 자율 주행 차
el avance 발전
la ayuda 도움
la conjetura 추측
el/la creador/a 크리에이터
la cuarta revolución industrial 4차 산업 혁명
el desempleo 실업
la energía renovable 재생 에너지
el envejecimiento 노화
la era 시대
la esperanza de vida 기대 수명
la herencia 유산
el/la hijo/a a la carta (유전자 조작된) 맞춤아기
la impresora de tres dimensiones 3D 프린터
la ingeniería genética 유전 공학
la inteligencia artificial 인공 지능(AI)
la máquina 기계
el/la marciano/a 화성인
Marte 화성
el medicamento 의약품
el modo de vida 삶의 방식
la nueva generación 새로운 세대
el plan 계획
el planeta 행성
la predicción 예언
el préstamo 차용, 빚
la red social 사회 연계망, 소셜 네트워크
el robot 로봇
el ser humano 인간
la terapia 치료 요법
la Tierra 지구
la ubicación 위치
el vehículo eléctrico 전기차
el viaje espacial 우주여행
celular (줄기)세포의
creciente 증가하는
frecuente 빈번한, 자주 일어나는
industrial 산업의
similar 비슷한, 유사한
tecnológico/a 과학 기술의
aparecer 나타나다
caracterizar 특징을 나타내다
conservar 보존하다
curar 치료하다, 낫게 하다
darse(le) bien (+ a alguien) 잘 해내다, 잘 맞다
depender de ~에 의존하다
destruir 파괴하다
determinar 결정하다
encargarse de ~을/를 책임지다
estar de acuerdo con ~와/과 의견이 같다
frenar 제동을 걸다
habitar 거주하다
instalarse 정착하다
inventar 발명하다
mantenerse 유지하다
montar (회사 등을) 설립하다
pisar 밟다
proteger 보호하다
representar 대표하다, 표현하다
superar 극복하다

vigilar 감시하다
algún día 언젠가
de manera inmediata 즉각적으로, 직접적으로
de hoy en adelante 오늘부터 앞으로
en contacto con ~와/과 접촉하여
en una década 십 년 후에
gracias a ~덕분에, 덕택에
no obstante 그럼에도 불구하고

la entrevista de trabajo I 취업면접

el acoso sexual 성희롱, 성추행
el ambiente 환경
el área (*f.*) 영역, 지역, 분야
el/la cliente 고객
la cualidad 자질
el departamento 부서
el/la empleado/a 직원
la habilidad 재능
el/la interino/a 인턴
la mano de obra 인력
la meta 목표
los recursos humanos 인적 자원
el reparto justo 공정한 배분
el soborno 뇌물
el sueldo 월급
el/la superior 상사
la virtud 덕목, 장점
injusto/a 부당한
laboral 근무의
sincero/a 성실한, 솔직한
describir 묘사하다, 소개하다
desempeñar 수행하다
enterarse de ~을/를 알게 되다
llevarse bien/mal con ~와/과 사이 좋게/나쁘게 지내다
presenciar 목격하다
ser capaz de + *inf.* ~을/를 할 수 있다
solo/a 혼자서
a sí mismo/a (재귀) 스스로를
al menos 적어도
al mismo tiempo 동시에
como mínimo 최소한
en grupo 집단으로

más vocabulario I 기타

la amenaza 위협, 협박
el beneficio 이득, 은혜, 유용성
el cambio 변화
la cartera 지갑
la cervecería 맥주 집
la decisión 결정
el negocio 사업
el orfanato 고아원
la privacidad 프라이버시
el/la voluntario/a 자원봉사자
fresco/a 시원한
polideportivo/a 종합 운동장의
privado/a 사적인
público/a 공공의
un gran número de 많은 수의
estar ingresado/a 입원해 있다
impresionar 강한 인상을 주다
llamar a la puerta 문을 두드리다
quedar con (+ alguien) ~와/과 (약속해서) 만나다
respirar 숨쉬다
por un lado 한편으로

GRAMÁTICA Y EJERCICIOS

1 단순 미래 (el futuro simple)

(1) 단순 미래 규칙 동사의 형태는 '동사 원형 + -é, -ás, -á, -emos, -éis, -án'입니다.

	hablar 말하다	comer 먹다	abrir 열다
yo	hablar**é**	comer**é**	abrir**é**
tú	hablar**ás**	comer**ás**	abrir**ás**
él/ella/usted	hablar**á**	comer**á**	abrir**á**
nosotros	hablar**emos**	comer**emos**	abrir**emos**
vosotros	hablar**éis**	comer**éis**	abrir**éis**
ellos/ellas/ustedes	hablar**án**	comer**án**	abrir**án**

Luego **hablaré** contigo. 나중에 너랑 이야기할게.
Algún día **abriré** mi propio negocio. 언젠가 나는 내 사업을 열게 될 거야.

(2) 어간이 변하는 단순 미래 불규칙 동사들도 있습니다.

	tener 가지다 → tendr-
yo	**tendr**é
tú	**tendr**ás
él/ella/usted	**tendr**á
nosotros	**tendr**emos
vosotros	**tendr**éis
ellos/ellas/ustedes	**tendr**án

poner 놓다 → pondr-
salir 나가다 → saldr-
venir 오다 → vendr-

	poder 할 수 있다 → podr-
yo	**podr**é
tú	**podr**ás
él/ella/usted	**podr**á
nosotros	**podr**emos
vosotros	**podr**éis
ellos/ellas/ustedes	**podr**án

saber 알다 → sabr-
querer 좋아하다 → querr-
haber 있다 → habr-

	decir 말하다 → dir-	hacer 하다 → har-
yo	**dir**é	**har**é
tú	**dir**ás	**har**ás
él/ella/usted	**dir**á	**har**á
nosotros	**dir**emos	**har**emos
vosotros	**dir**éis	**har**éis
ellos/ellas/ustedes	**dir**án	**har**án

Esta vez **tendremos** suerte. 이번에는 우리가 운이 있을 거야.

¿**Podrás** acompañarme hasta mi casa? 너 우리 집까지 나를 데려다줄 수 있니?

¿Qué **dirán** los vecinos? 이웃들이 뭐라고 할까?

Yo **haré** todo lo posible para evitar conflictos. 나는 분쟁을 피하기 위해 가능한 모든 것을 할 거야.

(3) 단순 미래형을 행위 동사에 쓰면 일어날 가능성이 높은 미래 행위를 뜻하며 주로 다음과 같은 미래 시간 표현과 함께 쓰입니다.

미래 시간 표현

mañana 내일 | pasado mañana 모레 | la próxima semana 다음 주

el próximo año 내년 | el mes que viene 다음 달 | las vacaciones que vienen 다음 방학/휴가

dentro de tres días / semanas / meses / años 3일/3주/3개월/3년 후에

Las próximas vacaciones **viajaré** por Europa.
나는 다음 방학 때 유럽 여행을 할 거야.

Tomaré un examen dentro de una semana. Te lo **diré** la semana que viene.
일주일 후 나는 시험을 볼 거야. 내가 다음 주에 너에게 그것에 대해 얘기해 줄게.

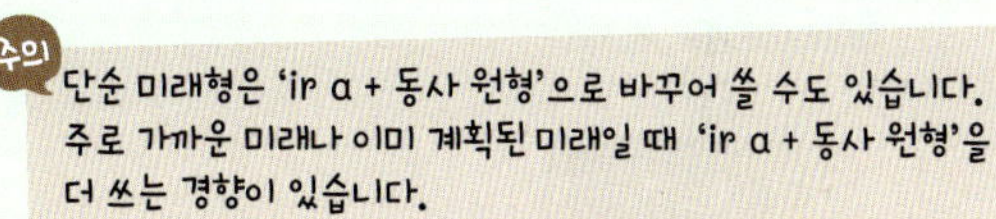
주의 단순 미래형은 'ir a + 동사 원형'으로 바꾸어 쓸 수도 있습니다. 주로 가까운 미래나 이미 계획된 미래일 때 'ir a + 동사 원형'을 더 쓰는 경향이 있습니다.

예 Esta tarde voy a visitar a mi abuela.
오늘 오후에 나는 할머니 댁을 방문할 거야.

(4) 단순 미래형을 상태 동사에 쓰면 현재에 대한 추측의 의미도 나타낼 수 있습니다.

A Mi perro no come. 우리 강아지가 밥을 안 먹어.

B No **tendrá** hambre. 배가 고프지 않은가 봐.

Hoy es sábado. **Habrá** mucha gente en el centro. 오늘이 토요일이네. 시내에 사람들이 많을 거야.

Ejercicio 1

주어진 동사를 단순 미래형으로 바꾸어 문장을 완성해 보세요.

1 Yo _______________ (ver) a todos los amigos de mi pueblo.

2 ¿_______________ (salir) Juan con Estela?

3 Tú _______________ (poner) la mesa a la hora de comer.

4 El próximo viernes nosotros _______________ (saber) quién es el nuevo líder de esta comunidad.

5 ¿A qué hora _________________________ (levantarse) tus hijos mañana?

6 Mi mejor amigo me _______________ (dar) un buen consejo.

7 Mi hermano _______________ (querer) salir con sus amigos después de los exámenes.

8 Yo _______________ (hacer) régimen a partir de mañana.

Ejercicio 2

다음 그림을 설명하는 문장을 찾아 연결하세요.

1  •

2  •

3  •

4  •

• ⓐ Violeta se pondrá un vestido azul para la fiesta.

• ⓑ Rosa irá al médico mañana porque tiene un esguince en el tobillo.

• ⓒ Joaquín estudiará todo el día en la biblioteca.

• ⓓ Ignacio verá el partido de fútbol tomando una cerveza en un bar.

Ejercicio 3

다음 질문에 해당하는 답변을 찾아 연결하고 주어진 동사를 단순 미래형으로 바꿔 하나의 대화문을 완성하세요.

1 ¿Cuánto mide aquel futbolista? •	• ⓐ ___________ (ir) a tu casa al mediodía.
2 ¿Qué tiempo hará mañana? •	• ⓑ Creo que mañana ___________ (tener) tiempo.
3 ¿Tienes tiempo para hablar conmigo? •	• ⓒ Imagino que ___________ (trabajar) en un banco.
4 ¿Cuándo vendrás a mi casa? •	• ⓓ No sé. Quizás ___________ (ser) piloto.
5 ¿A qué piensas dedicarte en el futuro? •	• ⓔ ___________ (llover) mucho.
6 ¿Dónde trabajarás? •	• ⓕ No sé. Pero ___________ (medir) más de dos metros.

Ejercicio 4

다음 중 알맞은 동사를 골라 단순 미래형을 사용하여 글을 완성하세요.

adelgazar　beber　comer　dejar
empezar　hacer　pasar　salir　ser

El año que viene mi vida **1** ___________ totalmente diferente. Primero, yo **2** ___________ de fumar y **3** ___________ por lo menos 5 kilos. También **4** ___________ más frutas y verduras, y **5** ___________ menos café y alcohol. Además no **6** ___________ muchas horas sentado delante de la televisión viendo telebasura. Creo que también **7** ___________ un curso de salsa y merengue para aprender a bailar bien y así **8** ___________ con los amigos cada fin de semana para conocer más gente. Pero antes **9** ___________ a estudiar español con mucho ahínco.

다음 문장에서 밑줄 친 부분의 현재형 동사를 단순 미래형으로 바꾸세요.

1 Si gano mucho dinero, les compro una casa a mis padres.

→ ______________

2 Aunque voy a casarme el próximo año, sigo trabajando.

→ ______________

3 Si me sigo encontrando mal, pido unos días de vacaciones.

→ ______________

4 Tú tienes que llevar el paraguas, por si acaso.

→ ______________

5 No te preocupes. Yo te mantengo informado.

→ ______________

6 ¡Qué lástima! Mi mejor amigo se muda a China en una semana.

→ ______________

7 Usted sabe quiénes son sus verdaderos amigos.

→ ______________

8 El profesor es muy muy puntual, así que llega a tiempo hoy también.

→ ______________

9 Juana quiere salir esta noche con su novio.

→ ______________

10 Hay muchos problemas en esta sociedad.

→ ______________

2 가정 미래 (el condicional)

(1) 가정 미래 규칙 동사의 형태는 '동사 원형 + -ía, -ías, -ía, -íamos, -íais, -ían'입니다.

	hablar 말하다	comer 먹다	abrir 열다
yo	habla**ría**	come**ría**	abri**ría**
tú	habla**rías**	come**rías**	abri**rías**
él/ella/usted	habla**ría**	come**ría**	abri**ría**
nosotros	habla**ríamos**	come**ríamos**	abri**ríamos**
vosotros	habla**ríais**	come**ríais**	abri**ríais**
ellos/ellas/ustedes	habla**rían**	come**rían**	abri**rían**

(2) 어간이 변하는 가정 미래 불규칙 동사들이 있는데 가정 미래형의 어간 불규칙 양상은 단순 미래형의 불규칙의 어간 변화와 동일합니다.

	tener 가지다 → tendr-
yo	**tendr**ía
tú	**tendr**ías
él/ella/usted	**tendr**ía
nosotros	**tendr**íamos
vosotros	**tendr**íais
ellos/ellas/ustedes	**tendr**ían

poner 놓다 → pondr-
salir 나가다 → saldr-
venir 오다 → vendr-

	poder 할 수 있다 → podr-
yo	**podr**ía
tú	**podr**ías
él/ella/usted	**podr**ía
nosotros	**podr**íamos
vosotros	**podr**íais
ellos/ellas/ustedes	**podr**ían

saber 알다 → sabr-
querer 원하다 → querr-
haber 있다 → habr-

	decir 말하다 → dir-	hacer 하다 → har-
yo	**dir**ía	**har**ía
tú	**dir**ías	**har**ías
él/ella/usted	**dir**ía	**har**ía
nosotros	**dir**íamos	**har**íamos
vosotros	**dir**íais	**har**íais
ellos/ellas/ustedes	**dir**ían	**har**ían

(3) 가정 미래는 미래에 대한 희박한 가능성을 나타낼 때 사용합니다.

Saldría con mis amigos este fin de semana, pero estoy tan cansado.
이번 주말에 친구들과 함께 나가 놀았으면 좋겠지만, 너무 피곤하네.

Iría al cine contigo, pero es que tengo que estudiar.
나는 너랑 영화관에 갔으면 좋겠는데, 공부를 해야 해.

¿No sabes que tu novio **haría** cualquier cosa por ti?
너는 네 남자 친구가 너를 위해서라면 무엇이든 할 것이라는 것을 모르겠어?

(4) 현재에 일어나기 어려운 상황을 가정해서 이야기하거나 상대방의 상황에 대입하여 충고할 때 사용합니다.

En esa situación, yo **tendría** mucho miedo y no **me atrevería** a abrir la boca.
그런 상황이라면, 나는 겁을 많이 먹어서 감히 아무 말도 못 할 거 같아.

Yo, en tu lugar, **me pondría** el vestido rojo.
내가 너라면 빨간 드레스를 입을 거야.

A Tú, en mi lugar, ¿qué **harías**? 네가 나라면, 넌 무엇을 할 거니?
B Yo, en tu lugar, le **contaría** toda la verdad. 내가 너라면 그에게 모든 진실을 말할 거야.

(5) 과거 시점에서 바라 본 미래를 나타낼 때, 주절은 과거 시제를 쓰고 종속절에는 가정 미래형을 사용합니다.

Yo sabía que Juan **vendría** más tarde.
나는 후안이 더 늦게 올 거라는 것을 알고 있었다.

El estudiante prometió que **entregaría** su informe el lunes siguiente.
그 학생은 다음 월요일까지 보고서를 제출하겠다고 약속했다.

Te advertí que Juan no te **devolvería** el dinero.
후안이 네게 그 돈을 돌려주지 않을 거라고 내가 네게 이미 경고했잖아.

(6) poder, desear, gustar, importar와 같은 동사를 가정 미래형으로 쓰면 공손한 표현을 나타냅니다.

Me **gustaría** hablar con su jefe. 저는 당신 사장님과 얘기 좀 하고 싶습니다.
¿**Podría** abrir la ventana? 창문 좀 열어 주실래요?
¿Te **importaría** prestarme tus apuntes? 너 나에게 노트 필기 좀 빌려줄 수 있겠니?

(7) 가정 미래형을 사용하여 과거에 대한 추측을 나타내기도 합니다.

A ¿Dónde estaba tu hermano ayer?
어제 네 남동생은 어디 있었니?

B **Estaría** en la piscina, porque salió con el bañador.
수영장에 있었을 거야, 왜냐하면 수영복을 갖고 나갔거든.

A ¿A qué hora llegaste? 너 몇 시에 도착했니?
B **Serían** las dos, pero no lo sé. 두 시였을 거야, 근데 모르겠어.

Ejercicio 6

다음 질문에 알맞은 대답을 골라 써 보세요.

1 ¿Qué tipo de trabajo te gustaría hacer? ____________

2 ¿Qué desearía de postre? ____________

3 ¿Podrías salir esta noche con nosotros? ____________

4 ¿Qué debo hacer para hablar bien una lengua extranjera? ____________

ⓐ Deberías practicar mucho con un nativo.
ⓑ Me gustaría trabajar en una prensa.
ⓒ Tarta de queso, por favor.
ⓓ ¡Claro que sí! ¿A qué hora quedamos?

Ejercicio 7

주어진 동사의 가정 미래형을 사용하여 문장을 완성하세요.

1 Me ____________ (gustar) salir contigo esta noche. Pero no puedo.

2 Yo en tu lugar ____________ (hablar) con un psicólogo.

3 Pensábamos que hoy ____________ (hacer) mucho frío. En cambio, hace calor.

4 ¿Te ____________ (importar) dejar de fumar?

5 Tú ____________ (deber) cambiar tu modo de pensar.

6 El presidente dijo que el gobierno ____________ (estar) dispuesto a ayudar a los refugiados.

7 ¿____________ (Ud., poder) hablar más despacio, por favor?

8 ____________ (ser) las cinco cuando empezó la reunión.

주어진 동사의 가정 미래형을 사용하여 다음 글을 완성하세요.

¡Qué pena! Tú no has planeado nada para estas vacaciones de verano teniendo dinero y tiempo.

Yo que tú, **1** ______________________ (ir) de viaje a Granada.

2 ______________________ (buscar) un hotel de tres estrellas.

3 ______________________ (pedir) información en la oficina de turismo y allí

4 ______________________ (conseguir) un mapa turístico.

5 ______________________ (visitar) la Alhambra y **6** ______________________ (ver) un espectáculo de flamenco en el Albaicín.

3 전치격 대명사 (los pronombres con preposición)

(1) 전치격 대명사는 전치사 뒤에 쓰는 대명사입니다. 1인칭 단수(mí), 2인칭 단수(ti)만 제외하고 주격 인칭 대명사와 동일한 형태를 씁니다.

전치사	전치격 대명사
a de en para por sin contra desde sobre	mí ti él/ella/usted nosotros/as vosotros/as ellos/ellas ustedes

Estas flores son para **ti**.
이 꽃들은 너를 위한 것이야.

No puedo vivir sin **ella**.
나는 그녀 없이는 살 수 없어.

Este asunto depende ahora **de** vosotros.
이 일은 이제 너희에게 달려 있다.

Vinieron a la fiesta exclusivamente **por** Ud.
그들은 오로지 당신 때문에 파티에 왔어요.

No estás **contra** mí, estás **contra** él.
너는 나를 반대하는 게 아니야, 그를 반대하는 거지.

(2) 전치사 con은 1인칭 단수, 2인칭 단수의 전치격 대명사와 함께 쓰이면 각각 conmigo, contigo라는 예외적 형태로 씁니다. 그 외 인칭들의 경우 주격 인칭 대명사와 동일한 형태의 전치격 대명사를 함께 씁니다.

전치사	전치격 대명사
conmigo **contigo**	
con	él/ella/usted nosotros/as vosotros/as ellos/ellas ustedes

A ¿Quieres casarte **conmigo**? 나와 결혼하고 싶니?
B Sí, quiero casarme **contigo**. 그래, 너와 결혼하고 싶어.

¿Por qué nunca quieres salir con **nosotros**?
넌 왜 우리랑 절대 어울려 놀려 하지 않니?

La profesora se enfadó mucho con **ellos** por su falta de puntualidad.
교수님은 시간을 지키지 않는 것 때문에 그들에게 화가 나셨다.

심화 학습

다음 전치사 뒤에서는 모든 인칭에서 주격 인칭 대명사와 동일한 형태를 사용합니다.

전치사		전치격 대명사
entre	~사이에	yo tú él/ella/usted nosotros/as vosotros/as ellos/ellas ustedes
según	~에 의하면	
salvo excepto menos	~을/를 제외하고	
como	~처럼	

Entre tú y yo no hay secretos.
너와 나 사이엔 비밀이 없어.

Todos lo apoyan **excepto** yo.
나를 제외하고 모두가 그를 지지한다.

Según tú, Ariana Grande es la mejor cantante del mundo, ¿verdad?
너에 따르면, 아리아나 그란데가 세상에서 최고의 가수라는 거지?

Ejercicio 9

주어진 그림 상황에서 쓸 수 있는 말을 찾아 연결해 보세요.

1 •　　• ⓐ ¿Es para mí? Gracias.

2 •　　• ⓑ Siempre pienso en ti.

3 •　　• ⓒ Estoy enfadada contigo.

4 •　　• ⓓ Juan habla japonés como tú.

Ejercicio 10

다음 문장에 알맞은 전치격 대명사를 고르세요.

1 Hay un recado para (tú / ti / te).
2 Según (tú / ti / te), ¿quién es el culpable?
3 Mi esposo no puede hacer nada sin (yo / mí / me).
4 ¿Quieres contactar (con yo / con mí / conmigo)?
5 Puedo ir (con él / con lo / con se) hasta el fin del mundo.
6 Este fin de semana todos se van de vacaciones menos (yo / mí / me).

LECCIÓN 8

Reciclen el aluminio, el vidrio y el plástico

TEMAS

- El medioambiente
- Los problemas y sus soluciones
- Los problemas ecológicos

FUNCIONES

- Discutir de los problemas ecológicos
- Hablar de las molestias y preocupaciones personales
- Dar mandatos a varias personas

GRAMÁTICA

- El imperativo de 'usted/ustedes'
- El imperativo de 'tú'
- El imperativo de 'vosotros/as'
- La posición de los pronombres de complemento

TEMAS Y ACTIVIDADES

TEMA 1 El medioambiente

PISTA 040

A Me preocupa la extinción de varias especies animales.

B Sí, ahora es un gran problema. Además, el cambio climático está acelerando el proceso.

A Dentro de poco solo podremos ver algunos animales en los documentales.

B Ah, ¿has visto el documental sobre el oso polar?

A Sí, me dio mucha pena. Ellos están sufriendo grandes dificultades.

B Creo que somos culpables y tenemos que hacer algo inmediatamente para protegerlos de la extinción.

Actividad 1

Seleccione la palabra que no pertenezca al mismo campo semántico.

1 desierto - bosque - selva - ballena

2 estrella - fábrica - luna - sol

3 polvo - papel - vidrio - plástico

4 paloma - pingüino - hierba - lobo

5 reciclaje - deforestación - contaminación - calentamiento global

6 nuclear - solar - eléctrica - energía

7 campo - río - mar - lago

Identifique las especies que están en peligro de extinción en la siguiente lista.

Vocabulario útil		
el atún rojo	el jaguar	el pingüino
el delfín	el lobo	el rinoceronte
el elefante asiático	el orangután	el tigre
el gorila	el oso polar	la tortuga

1 ____________ 2 ____________ 3 ____________

4 ____________ 5 ____________ 6 ____________

7 ____________ 8 ____________ 9 ____________

10 ____________ 11 ____________ 12 ____________

Actividad 3

Relacione las siguientes especies en peligro de extinción con las causas que la provocan.

Modelo

El atún rojo está en peligro de extinción por el uso como ingrediente principal del sushi.

los animales en peligro de extinción		las causas de su crítica situación
1 Atún rojo	• — •	ⓐ por la venta ilegal del marfil de sus colmillos
2 Elefante asiático	• — •	ⓑ por el uso como ingrediente principal del sushi
3 Orangután	• — •	ⓒ porque su hábitat está amenazado por el derretimiento del Polo Norte
4 Oso polar	• — •	ⓓ por la comercialización de su caparazón, carne o huevos
5 Tortuga	• — •	ⓔ porque su hábitat y sus fuentes de alimento están disminuyendo por la expansión de las grandes industrias de extracción de aceite de palma

2 TEMA Los problemas y sus soluciones

PISTA 041

A Hijo, allí hay un asiento libre. Siéntate allí.

B Sí, mamá.

A Pero, hijo, ¿por qué no cierras un poco las piernas? Así puedes molestar a la gente. ¡Siéntate bien!

B Pero así estoy más cómodo, mamá.

A Sé bueno, hijo. ¡Si no, me voy a enfadar!

Actividad 4

PISTA 042

Escuche las siguientes órdenes y relacione cada una con la imagen correspondiente.

1

____

2

____

3

____

4

____

5

____

6

____

Actividad 5

Aconseje a las siguientes personas con los problemas que tienen, siguiendo el modelo.

> **Modelo**
>
> Marta: "Llevo muy mal esta asignatura."
>
> → Marta, estudia más y habla con la profesora.

1 Pilar: "No me llevo bien con mi hermano."
→ ______________________________.

2 Carla: "Engordé 10 kilos en seis meses, pero tengo que asistir a la boda de mi mejor amiga dentro de un mes."
→ ______________________________.

3 Fabio: "Los niños de arriba hacen mucho ruido todas las noches."
→ ______________________________.

4 Estela: "Odio este trabajo. Además, mi jefe no me hace caso."
→ ______________________________.

5 Benjamín y Alfonso: "No sabemos qué hacer después de terminar la universidad."
→ ______________________________.

6 Fidel e Isabel: "Nosotros queremos casarnos enseguida, pero nuestros padres se oponen."
→ ______________________________.

3 TEMA Los problemas ecológicos

PISTA 043

A ¿Qué te parece si salimos a pasear por el parque?

B ¡Ni hablar! ¿No has visto el cielo? Parece que hay mucha contaminación, así que es mejor no salir hoy de casa.

A ¿Nos han enviado el mensaje de alerta por contaminación atmosférica? Si no, podemos salir.

B Sí, acaba de llegar.

A ¡Qué fastidio! Este problema del polvo en suspensión es horrible.

B Además, de momento, no podemos hacer nada para evitarlo.

El cambio climático

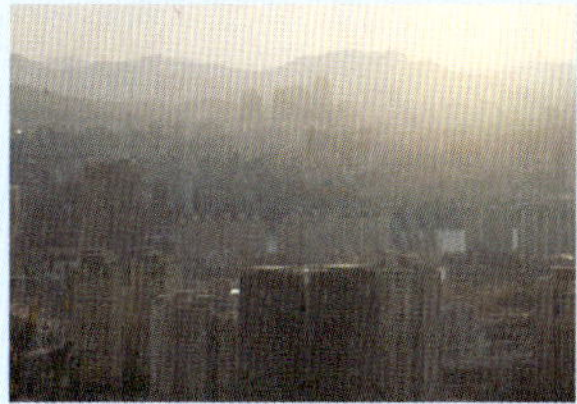
la contaminación del aire (el polvo en suspensión, el esmog...)

la contaminación de los ríos y los océanos

el calentamiento global

la sequía y la escasez de agua

la deforestación y la destrucción de las selvas tropicales

los desechos de las plantas nucleares

Actividad 6

Relacione cada problema ecológico con la solución correspondiente como en el modelo.

Modelo

A Me preocupa mucho el consumo excesivo de petróleo.

B Hay que restringir el uso de los autos particulares.

1 el consumo excesivo de petróleo ⓔ

2 las especies en peligro de extinción ____

3 la sobrepoblación ____

4 la contaminación de los ríos y los océanos ____

5 el uso excesivo de productos plásticos y de poliestireno ____

ⓐ prohibir la caza de animales y su venta ilegal
ⓑ controlar la natalidad
ⓒ participar en programas de reciclaje
ⓓ poner multas contundentes a las compañías que contaminan ríos, lagos o mares
ⓔ restringir el uso de los autos particulares

Actividad 7

Escuche lo que hacen estas personas para proteger el medioambiente y relaciónelas con las medidas que llevan a cabo con ese fin.

PISTA 044

1 tener un jardín orgánico •
2 no poner el aire acondicionado •
3 usar el transporte público •
4 reciclar latas y vidrio •
5 no comprar productos químicos para la limpieza •

• ⓐ Lucía
• ⓑ Fernando
• ⓒ Emilia
• ⓓ Belén
• ⓔ Roberto

Actividad 8

Entreviste a su compañero/a para saber qué hace para contribuir a la conservación del medioambiente.

1 ¿Hay problemas de contaminación donde vives? ¿Cuáles son? ¿Cómo se pueden resolver?

2 ¿Qué problema ecológico te preocupa más? ¿Por qué? ¿Qué haces para intentar solucionarlo?

3 ¿Te preocupa mucho la contaminación? ¿Qué has hecho tú para reducir los niveles de contaminación?

4 Habla sobre un lugar que te impresionó. ¿Dónde está? ¿Pasaste mucho tiempo allí o estuviste solo un par de días? ¿Cómo te pareció? ¿Por qué piensas así?

Actividad 9

Lea y escuche el siguiente artículo y marque si las siguientes afirmaciones son verdaderas (V) o falsas (F).

PISTA 045

La convicción de los latinoamericanos acerca del cambio climático

El Banco Interamericano de Desarrollo (BID) y el Latinobarómetro efectuaron un estudio sobre la conciencia social de los latinoamericanos acerca del cambio climático.

El 83% de la población de esta región piensa que el ser humano es responsable del cambio climático. Por otra parte, siete de cada diez habitantes consideran que deben tomarse medidas contra el cambio climático incluso a costa del crecimiento económico. Sin embargo, la actitud predominante en cada país hacia el medioambiente difiere notablemente según la experiencia en su entorno inmediato con la naturaleza. Este estudio también indica que las posturas de América Latina son opuestas a la de Estados Unidos sobre este asunto, con su retirada del Acuerdo de París (2015), que es el primer pacto global para reducir las emisiones de gases de efecto invernadero.

		V	F
1	Según el informe, la mayoría de los latinoamericanos dicen que el humano tiene la culpa del cambio climático.	☐	☐
2	A los latinoamericanos les importa el crecimiento económico más que la lucha contra el cambio climático.	☐	☐
3	La experiencia de los desastres naturales afecta la actitud medioambiental de los países latinoamericanos.	☐	☐
4	Estados Unidos mantiene ligado al Acuerdo de París en el momento de realizar la investigación.	☐	☐

VOCABULARIO Y EXPRESIONES

los animales | 동물

el aceite de palma 팜유

el alimento 먹이

el atún 참치

la ballena 고래

el caparazón 등딱지

el colmillo 송곳니

el delfín 돌고래

el elefante asiático 아시아코끼리

la especie 종

el gorila 고릴라

el ingrediente 성분, 재료

el insecto 벌레

el jaguar 재규어

el lobo 늑대

el marfil 상아

la mascota 애완동물

el orangután 오랑우탄

el oso polar 북극곰

el pingüino 펭귄

la pulga 벼룩

el rinoceronte 코뿔소

el sushi 스시

el tigre 호랑이

la tortuga 거북이

los problemas ecológicos | 환경 문제

el aire acondicionado 에어컨

la alerta 경보, 주의

el aluminio 알루미늄

el calentamiento global 지구 온난화

el cambio climático 기후 변화

la caza 사냥

la comercialización 상업화

el consumo excesivo 과소비

la contaminación del aire 공기 오염

el crecimiento 성장, 증가

la deforestación 산림 파괴

el derretimiento 해빙

el desastre natural 자연재해

el desecho 폐기물

la destrucción 파괴

el documental 다큐멘터리

el efecto invernadero 온실 효과

la electricidad 전기

la emisión 배출

la energía (eléctrica, nuclear, solar)
(전기, 핵, 태양) 에너지

el entorno 주변 환경

la escasez 부족

el esmog 스모그

la expansión 확장

la extracción 추출

el gas 가스

el hábitat 서식지

la hierba 풀

el insecticida 살충제

la lata 캔

el medioambiente 환경

la natalidad 출생률

el océano 대양

la palma 야자수

el petróleo 석유

la planta nuclear 원자력 발전소

el plástico 플라스틱

la población 인구

el poliestireno 폴리스티렌

el Polo Norte 북극
el polvo en suspensión 미세 먼지
el reciclaje 재활용
la selva tropical 열대 밀림
la sequía 가뭄
la sobrepoblación 인구 과잉
el transporte público 대중교통
la venta ilegal 불법 거래
el vidrio 유리
crítico/a 심각한
ecológico/a 생태 환경의
medioambiental 환경의
orgánico/a 유기농의
químico/a 화학적인
en peligro de extinción 멸종 위기의
acelerar 가속화하다
disminuir 줄다
prohibir 금지하다
proteger 보호하다
reciclar 재활용하다
resolver 해결하다
restringir 제한하다

Los problemas y sus soluciones | 문제점과 해결책

el asiento (앉은) 자리, 좌석
la causa 원인
el cigarrillo 담배
el humo 연기
la mascarilla 마스크
la multa 벌금
la solución 해결책
contundente 과중한
culpable 잘못이 있는
causar 야기하다, 일으키다
dar pena 안타까움을 주다
discutir con (+ alguien) ~와/과 말다툼하다
enfadarse 화내다
hacer caso 주의를 기울이다
oponerse 반대하다
de momento 당장은
¡Ni hablar! 말도 안돼!
¡Qué fastidio! 짜증나!

más vocabulario | 기타

el acuerdo 협정
el asunto 안건
el champú 샴푸
la conciencia 의식
la convicción 신념
el desarrollo 발전
la ducha 샤워
el esfuerzo 노력
el informe 보고서
la limpieza 청소
la mayoría 다수
el método 방법
el pacto 조약
la postura 입장
la retirada 탈퇴
inmediato/a 밀접한
ligado/a a ~에 가입된
opuesto/a a ~에 반대하는
predominante 우세한, 주된
diferir 다르다, 상이하다
efectuar 실행하다
intentar 시도하다
incluso 게다가, 심지어
acerca de ~에 대하여
a costa de ~의 대가로
en contra de ~에 반대하여

GRAMÁTICA Y EJERCICIOS

1 usted/ustedes에 대한 명령형 (el imperativo de 'usted/ustedes')

(1) usted나 ustedes에 대한 명령형에서는 긍정 명령문과 부정 명령문에서 사용하는 동사 변화형이 동일합니다. 단수형과 복수형의 차이는 어미 부분에만 존재합니다.

(2) 명령형의 어간은 직설법 현재 시제 1인칭 단수(yo)형 어간과 동일하며 어미는 -ar 동사의 경우 -e(n)로, -er 동사와 -ir 동사의 경우 -a(n)로 바꾸어 완성합니다.

	hablar 말하다		comer 먹다		abrir 열다	
	긍정형	부정형	긍정형	부정형	긍정형	부정형
usted	habl**e**	no habl**e**	com**a**	no com**a**	abr**a**	no abr**a**
ustedes	habl**en**	no habl**en**	com**an**	no com**an**	abr**an**	no abr**an**

Tome una pastilla todas las noches. (당신) 밤마다 한 알씩 복용하세요.
¡**Decida** ya! 이제 결정하세요.
No coma demasiado. 너무 지나치게 드시지 마세요.
Beban más agua. (여러분) 물 더 드세요.
No entren aquí. 여기 들어오지 마세요.

(3) -car, -gar, -zar로 끝나는 동사들은 철자의 변화에 유의하여야 합니다.

① -car로 끝나는 동사는 -c-가 -qu-로 바뀝니다.

	sa**car** 꺼내다		to**car** 손대다		bus**car** 찾다	
	긍정형	부정형	긍정형	부정형	긍정형	부정형
usted	sa**que**	no sa**que**	to**que**	no to**que**	bus**que**	no bus**que**
ustedes	sa**quen**	no sa**quen**	to**quen**	no to**quen**	bus**quen**	no bus**quen**

② -gar로 끝나는 동사는 -g-가 -gu-로 바뀝니다.

	lle**gar** 도착하다		ju**gar** 놀다		entre**gar** 건네다	
	긍정형	부정형	긍정형	부정형	긍정형	부정형
usted	lle**gue**	no lle**gue**	jue**gue**	no jue**gue**	entre**gue**	no entre**gue**
ustedes	lle**guen**	no lle**guen**	jue**guen**	no jue**guen**	entre**guen**	no entre**guen**

③ -zar로 끝나는 동사는 -z-가 -c-로 바뀝니다.

	almor**zar** 점심을 먹다		empe**zar** 시작하다		cru**zar** 교차시키다	
	긍정형	부정형	긍정형	부정형	긍정형	부정형
usted	almuer**ce**	no almuer**ce**	empie**ce**	no empie**ce**	cru**ce**	no cru**ce**
ustedes	almuer**cen**	no almuer**cen**	empie**cen**	no empie**cen**	cru**cen**	no cru**cen**

Toque un poco el piano, Sr. Cho. 조 선생님, 피아노 좀 연주해 주세요.
No apague las luces. (당신) 불을 끄지 마세요.
No crucen la calle con la luz roja. (여러분) 빨간불일 때는 건너지 마세요.
Empiecen el día con una sonrisa. 하루를 미소로 시작해 보세요.
Por favor, **lleguen** a tiempo. 제발 제시간에 와 주세요.
No coloque el ordenador sobre una superficie inestable. 불안정한 표면 위에 컴퓨터를 놓지 마세요.

(4) 직설법 현재 시제 1인칭 단수(yo)형이 불규칙형이거나 어근 변화 동사에 해당하는 경우, usted/ustedes 명령형에도 불규칙성이 반영됩니다.

Vea ese programa. (당신) 그 프로그램을 보세요.
No **ponga** la televisión. 텔레비전을 켜지 마세요.
Salgan de aquí enseguida. (여러분) 당장 여기서 나가세요.
Traigan el paraguas. 우산을 지참하세요.

Piense en mí. (당신) 저를 생각하세요.
Pida una pizza. 피자를 주문하세요.
Duerman lo suficiente. (여러분) 충분히 잠을 주무세요.

Incluya al alcalde en la lista de invitados, por favor. (당신) 시장님을 초대 명단에 포함시켜 주세요.
Corrijan los errores en su redacción. (여러분) 작문의 오류들을 고치세요.
No **conduzcan** tan rápido. 그렇게 빨리 운전하지 마세요.

(5) usted/ustedes에 대한 명령형에는 다음과 같은 불규칙 동사가 존재합니다.

	dar 주다		ir 가다		ser ~이다	
	긍정형	부정형	긍정형	부정형	긍정형	부정형
usted	dé	no dé	vaya	no vaya	sea	no sea
ustedes	den	no den	vayan	no vayan	sean	no sean

No **sean** malos. (여러분) 못되게 굴지 마세요.
No **vayan** allí. 거기에 가지 마세요.
No **dé** una fiesta. (당신) 파티를 열지 마세요.

Sea puntual. 시간 엄수하세요.
Vaya con sus compañeros. 동기들과 함께 가세요.
Démelo. 그것을 제게 주세요.

주어진 동사를 Ud.에 대한 명령형으로 바꿔 빈칸을 채워 보세요.

<Instrucciones básicas para el cuidado del planeta>

1 ______________ (No tirar) desechos ni basura al suelo.

2 ______________ (No malgastar) el agua.

3 ______________ (Desenchufar) los aparatos eléctricos que no usa.

4 ______________ (Separar) los residuos sólidos en orgánicos e inorgánicos.

5 ______________ (Ir) al trabajo en bici.

6 ______________ (Reducir) su consumo, **7** ______________ (reciclar) y **8** ______________ (reutilizar) todo lo que pueda.

Ejercicio 2

다음 중 알맞은 동사를 골라 Uds.에 대한 명령형으로 바꿔 문장을 완성하세요.

boicotear hacer luchar plantar proteger verter

1 ______________ el medioambiente por el bien de todo el mundo.

2 ______________ donaciones para proteger los rinocerontes.

3 ______________ productos que contaminan el aire.

4 ______________ contra la deforestación.

5 No ______________ agua contaminada a los ríos.

6 ______________ más árboles en las montañas.

2 tú에 대한 명령형 (el imperativo de 'tú')

(1) tú에 대한 명령형의 긍정 명령형과 부정 명령형은 서로 형태가 다릅니다.

	hablar 말하다		comer 먹다		abrir 열다	
	긍정형	부정형	긍정형	부정형	긍정형	부정형
tú	habl**a**	no habl**es**	com**e**	no com**as**	abr**e**	no abr**as**

① tú에 대한 긍정 명령형 규칙형은 직설법 현재 시제 3인칭 단수형과 형태가 동일합니다.

Habla más alto. 좀 더 크게 말해라.
Come verduras. 야채를 먹어라.
Abre la puerta. 문을 열어라.
Piensa en mí. 나를 생각해.
Pide una pizza. 피자를 주문해.
Duerme lo suficiente. 충분히 잠을 자라.

② tú에 대한 부정 명령형의 경우, usted/ustedes 명령형과 마찬가지로 어간은 직설법 현재 시제 1인칭 단수(yo)형 어간과 동일하며 어미는 -ar 동사의 경우 -es로, -er 동사와 -ir 동사의 경우 -as로 바꾸어 씁니다.

No **hables**. 말하지 마라.
No **comas** comida chatarra. 불량 식품을 먹지 마라.
No **abras** la ventana. 문을 열지 마라.

(2) tú에 대한 명령형에도 불규칙 동사가 존재합니다.

① tú에 대한 긍정 명령형에는 다음과 같은 불규칙 동사가 존재합니다.

	decir 말하다	hacer 하다	ir 가다	poner 놓다	salir 나가다	ser ~이다	tener 가지다	venir 오다
긍정 명령형	di	haz	ve	pon	sal	sé	ten	ven

Sé bueno con tu mamá. 엄마 말 잘 들어라.
Ten paciencia. 인내심을 가져라.
Sal de aquí. 여기서 나가라.

② tú에 대한 부정 명령형에도 usted/ustedes에 대한 명령형과 마찬가지로 직설법 현재 시제 1인칭 단수(yo)형이 불규칙형이거나 어근 변화 동사에 해당하는 경우, 불규칙성이 반영됩니다.

No **busques** tu tarea. 네 숙제를 찾지 마라.
No **pongas** la televisión. 텔레비전을 켜지 마라.
No **pienses** en mí. 내 생각하지 마라.
No **pidas una** pizza. 피자를 주문하지 마라.

③ 그밖에 tú에 대한 부정 명령형에는 다음과 같은 불규칙 동사가 있습니다.

No **seas** mala. 못되게 굴지 마라.
No **vayas** allí. 거기에 가지 마라.
No **des** una fiesta. 파티를 열지 마라.

Ejercicio 3

다음 중 동사를 tú에 대한 긍정 명령형과 부정 명령형으로 바꿔 각각의 명령문을 만들어 보세요.

	긍정 명령	부정 명령
1 tener paciencia		
2 salir de aquí		
2 reducir la velocidad		
4 sacar la basura		
5 entregar el informe		
6 venir acá		
7 decir el secreto		
8 empezar sin mí		

Ejercicio 4

주어진 동사를 tú에 대한 명령형으로 바꿔 문장을 완성하세요.

Para cuidar el medioambiente,

1 ______________ (llevar) siempre tus propias bolsas al ir a la compra.

2 ______________ (no abusar) de la calefacción ni el aire acondicionado.

3 ______________ (apagar) la luz al salir de un cuarto.

4 ______________ (cerrar) el grifo mientras te cepillas los dientes.

5 ______________ (imprimir) por ambos lados / ambas caras.

6 ______________ (no manejar) tanto y **7** ______________ (utilizar) más el transporte público unos días de la semana.

3 vosotros/as에 대한 명령형 (el imperativo de 'vosotros/as')

(1) vosotros/as에 대한 명령형은 스페인에서만 사용되며, 긍정 명령문과 부정 명령문에서 사용하는 동사 변화형이 다릅니다.

	hablar 말하다		comer 먹다		abrir 열다	
	긍정형	부정형	긍정형	부정형	긍정형	부정형
vosotros	habl**ad**	no habl**éis**	com**ed**	no com**áis**	abr**id**	no abr**áis**

(2) vosotros/as에 대한 긍정 명령형은 동사 원형의 마지막 -r을 -d로 바꿔 씁니다.

Hablad más alto. (너희들) 크게 말해라.
Comed verduras. 야채를 먹어라.
Abrid la puerta. 문을 열어라.
Sed más ambiciosos. 더 야망을 가져라.
Pensad en mí. 나를 생각해.
Pedid una pizza. 피자를 주문해.
Dormid lo suficiente. 충분히 잠을 자라.
Haced ejercicio. 운동을 해라.

(3) vosotros/as에 대한 부정 명령형의 경우, usted/ustedes 부정 명령형이나 tú 부정 명령형과 마찬가지로 어간은 직설법 현재 시제 1인칭 단수(yo)형과 동일합니다. 반면, 어미는 -ar 동사의 경우 -éis로, -er 동사와 -ir 동사의 경우 -áis로 바꾸어 완성합니다. -car, -gar, -zar로 끝난 동사들은 철자의 변화에 유의하여야 합니다.

No **habléis**. (너희들) 말하지 마라.
No **comáis** comida chatarra. 불량 식품을 먹지 마라.
No **abráis** la ventana. 문을 열지 마라.
No **apaguéis** las luces. 불을 끄지 마라.

(4) vosotros/as에 대한 부정 명령형의 경우, 직설법 현재 시제 1인칭 단수(yo)형이 불규칙형인 경우, 불규칙성이 반영됩니다.

No **pongáis** la televisión. (너희들) 텔레비전을 켜지 마라.
No **conduzcáis** tan rápido. 그렇게 빨리 운전하지 마라.
No **corrijáis** el manuscrito. 원고를 고치지 마라.

(5) 직설법 현재 시제에서 어근 변화 동사이면서 어미가 -ar이거나 -er인 동사들인 경우, vosotros/as에 대한 부정 명령형은 동사 원형의 어근을 유지합니다.

No **penséis** en mí. (너희들) 내 생각하지 마라.
No **volváis** a mentirme. 내게 다시는 거짓말하지 마라.

(6) 하지만, 어미가 -ir인 동사의 vosotros/as에 대한 부정 명령형은, 직설법 현재 시제에서 어근 변화 동사라 하더라도, 현재 분사형과 마찬가지로, -e-가 -i-로, -o-가 -u-로 바뀝니다.

No **pidáis** más caramelos. (너희들) 캐러멜을 더 이상 요구하지 마라.
No **mintáis** nunca. 절대 거짓말하지 마라.
No **durmáis** demasiado. 잠을 지나치게 자지 마라.

Ejercicio 5

주어진 동사를 vosotros/as에 대한 명령형으로 바꿔 문장을 완성하세요.

Queridos niños,

1 ______________ (limpiar) vuestros cuartos.

2 ______________ (hacer) la cama.

3 ______________ (no cruzar) la calle solos.

4 ______________ (decir) la verdad.

5 ______________ (no hablar) con personas desconocidas.

6 ______________ (no tomar) tantos dulces.

7 ______________ (ser) generosos con vuestros amigos.

8 ______________ (entregar) la tarea puntualmente.

Ejercicio 6

〈보기〉와 같이 주어진 질문에 vosotros/as에 대한 긍정 명령형이나 부정 명령형을 사용하여 대답하세요.

보기

Mamá, ¿podemos poner el televisor?

→ Claro que sí. Poned el televisor, si queréis.

→ ¡Ni hablar! No pongáis el televisor.

1 ¿Podemos grabar este programa?

→ ____.

2 ¿Podemos ir a la casa de los abuelos mañana?

→ ____.

3 ¿Podemos empezar a comer si a las dos todavía no has llegado?

→ ____.

4 ¿Podemos borrar algunos archivos de la computadora?

→ ____.

5 ¿Podemos jugar afuera ahora?

→ ____.

4 명령문에서 대명사 위치 (la posición de los pronombres de complemento)

(1) 목적격 대명사나 재귀 대명사가 동사의 명령형과 함께 쓰일 때, 긍정 명령의 경우 긍정 명령형 동사 뒤에 한 단어처럼 붙여 사용합니다. 이 경우 강세 표시에 유의해야 합니다. 반면, 부정 명령의 경우 no와 부정 명령형 동사 사이에 해당 대명사를 위치시킵니다.

긍정 명령	부정 명령
Levánta**te**. 일어나라.	No **te** levantes. 일어나지 마라.
Borrad**lo**. (너희들) 그것을 지워라.	No **lo** borréis. (너희들) 그것을 지우지 마라.
Díga**mela**. 제게 그것을 말해 주세요.	No **me la** diga. 제게 그것을 말하지 마세요.

(2) vosotros의 긍정 명령형이 재귀 대명사와 함께 쓰일 경우, 어미 부분에 해당하는 -d-를 생략하고 강세를 생략합니다.

Levantaos. (O) (너희들) 일어나라.
Levantados. (X)
Marchaos. (O) (너희들) 떠나라.
Marchados. (X)

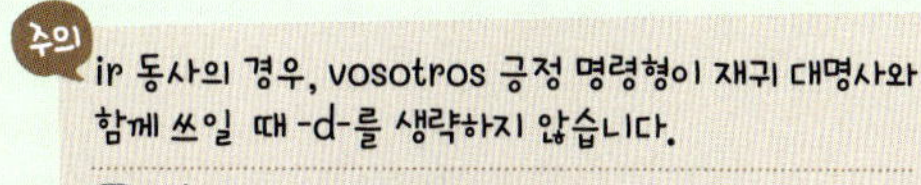

주의
ir 동사의 경우, vosotros 긍정 명령형이 재귀 대명사와 함께 쓰일 때 -d-를 생략하지 않습니다.
예 Idos. (너희들) 가 버려라.

〈보기〉와 같이 주어진 내용을 바탕으로 대명사를 포함한 긍정 명령문과 부정 명령문을 써 보세요.

보기

A tu hermanito: "ponerse el sombrero"
→ Póntelo. / No te lo pongas.

1 A tus compañeros de cuarto: "quitarse los zapatos"
→ ______________________.

2 A tu esposo/a: "apagar la luz"
→ ______________________.

3 Al mesero: "traernos la cuenta"
→ ______________________.

4 A la persona de la mesa de al lado: "pasarme la sal"
→ ______________________.

Ejercicio 8

다음 중 알맞은 명령형을 골라 문장을 완성하세요.

1 Profesora, por favor, (habla / hable) más alto.

2 Mamá, si vas al supermercado, (cómprame / cómpreme) helados.

3 Oye, mozo, (tráiganos / tráenos) el menú.

4 Señoras y señores, (sentaos / siéntense) y (prestad / presten) atención.

5 Hijo, (ten / tenga) cuidado con los coches.

6 Señor, no (sueltes / suelte) al perro.

7 Chicos, no (tiréis / tirad) las colillas.

Ejercicio 9

다음 중 알맞은 동사를 골라 Ud.에 대한 명령형을 사용하여 〈보기〉와 같이 해당 문제에 대한 해결책을 쓰세요.

보기

Problema Tengo miedo de perder mi documento.

Solución Guárdelo bien de antemano.

bajar borrar imprimir pulsar reiniciar ver

1 **Problema** Mi ordenador se ha congelado.
Solución ______________ entonces.

2 **Problema** Necesito la hoja de solicitud que hay en la página web.
Solución ______________ con la impresora.

3 **Problema** No me gustan estos programas de computación.
Solución ______________ e instale otros.

4 **Problema** ¿Es este el botón del agua caliente?
Solución Sí, ese es. ______________ antes de meterse en la ducha.

5 **Problema** Me llegan muchos correos no deseados.
Solución Pues, ______________ a la basura.

6 **Problema** El volumen está demasiado alto.
Solución ______________ un poco.

| 부록 |

ANEXO

- **Claves de respuestas**
  정답
- **Traducciones de los diálogos**
  대화 번역
- **Transcripciones**
  듣기 활동 대본 · 읽기 지문 번역
- **Glosario**
  색인

Claves de respuestas | 정답

LECCIÓN 1 ¿Qué has hecho para mejorar la salud?

Actividad 1 p. 27

1 los ojos 2 la cabeza
3 las orejas 4 la nariz
5 la boca 6 el cuello
7 los hombros 8 el pecho
9 los brazos 10 las manos
11 las piernas 12 los pies

Actividad 2 p. 27

1 ⓑ 2 ⓓ 3 ⓒ
4 ⓐ 5 ⓕ 6 ⓔ

Actividad 5 p. 30

1 S 2 E 3 E
4 S 5 E 6 E
7 S

Actividad 8 p. 32

1 ⓔ 2 ⓑ 3 ⓐ
4 ⓒ 5 ⓓ 6 ⓕ

Actividad 10 p. 33

1 tenido 2 chocado
3 llegado 4 llevado
5 venido 6 rellenado
7 tomado 8 dicho
9 sentido 10 sido

Ejercicio 1 p. 38

1 les 2 le 3 les
4 te 5 le 6 nos

Ejercicio 2 p. 38

1 A vosotros os interesa la política
2 Nos apetece comer y beber algo
3 A Julia le pica la espalda por alergia
4 A ustedes les molesta madrugar
5 A mí me duelen las muelas al masticar
6 A mis compañeros les fascina bailar salsa

Ejercicio 3 p. 39

1 duele 2 sobran
3 preocupan 4 fastidian
5 falta

Ejercicio 4 p. 39

1 A mí 2 a nosotros
3 A ellos 4 a ti
5 a él

Ejercicio 5 p. 42

1 más 2 menos
3 tantas 4 más
5 menos 6 mayor

Ejercicio 6 p. 42

1 tan divertido 2 tanto
3 tantas 4 tan bien
5 peor 6 tantos
7 más

Ejercicio 7 p. 44

1 enamorados 2 cubierto
3 acabada 4 rotos
5 corregidos 6 hecha
7 creadas 8 escrito

Ejercicio 8 p. 46

1 El tren para Madrid ya ha salido a las 10
2 Nosotros todavía no hemos visto esa película
3 Cuándo ha abierto la puerta usted
4 Yo nunca he estado en Chile
5 Tú has hecho muy bien el trabajo

Ejercicio 9 p. 46

1 Sí, he estado una vez en Francia
2 No, nunca hemos probado la comida mexicana / No, no hemos probado la comida mexicana nunca
3 He comprado pescado y fruta en el mercado
4 Me he levantado a las siete
5 No, la clase no ha terminado todavía / No, la clase todavía no ha terminado

LECCIÓN 2 ¿Qué estás haciendo ahora?

Actividad 3 p. 50

1	V	2	F
3	V	4	F
5	V	6	F
7	V	8	F

Actividad 4 p. 51

1 Alberto y Marta están nadando.
2 Juanjo está surfeando.
3 Rosa está buceando en el mar.
4 Sulma y Nora están tomando el sol.
5 Los Borges están merendando.

Actividad 5 p. 52

1	ⓒ	2	ⓑ
3	ⓓ	4	ⓐ

Actividad 6 p. 53

1 Es Cristina.
2 Es Paco.
3 Son amigos. / Es de amistad.
4 Vive en Seúl, Corea.
5 Son españoles. / Son de España.
6 Paco le pregunta a Cristina si le interesa intervenir en un programa televisivo.
7 La posdata o postdata significa 'información posterior' y se pone al final de una carta cuando se necesita agregar alguna información.

Actividad 8 p. 56

1	patatas	2	cebolla
3	huevos	4	sal
5	aceite		

Actividad 9 p. 56-57

1 Se hierve el agua.
2 Se echan los fideos.
3 Se agrega el contenido del sobre.
4 Se tapa y se deja hervir.
5 Se revuelven los fideos.
6 Se añade un huevo en la olla.
7 Se cocina dos minutos más.

Actividad 10 p. 57

1 Se dice
2 se ofrece
3 Se recomienda
4 se relajan

Ejercicio 1 p. 61

1	tocando	2	compartiendo
3	sintiendo	4	oyendo
5	trayendo	6	escuchando
7	esperando	8	leyendo

Ejercicio 2 p. 62

1 ⓑ 2 ⓒ 3 ⓔ
4 ⓕ 5 ⓐ 6 ⓓ

Ejercicio 3 p. 63

1 estoy tomando
2 están construyendo
3 están durmiendo
4 estamos sacando
5 estás diciendo
6 está leyendo
7 estáis poniendo
8 están haciendo

Ejercicio 4 p. 63

1 está charlando
2 está descansando
3 estamos viendo
4 está jugando
5 está oyendo

Ejercicio 5 p. 65

1 no lo queremos ver / no queremos verlo
2 Se lo voy a regalar / Voy a regalárselo
3 No me la voy a quitar / No voy a quitármela
4 Te los puedo dejar / Puedo dejártelos
5 Os lo (= Se lo) voy a enseñar / Voy a enseñároslo (= enseñárselo)
6 Os los tenéis que (= Se los tienen que) cepillar / Tenéis que cepillároslos (= Tienen que cepillárselos)

Ejercicio 6 p. 66

1 no se la estamos sirviendo / no estamos sirviéndosela
2 la estoy sacando / estoy sacándola
3 Se lo está leyendo / Está leyéndoselo
4 Se lo está lavando / Está lavándoselo
5 Lo llevo estudiando / Llevo estudiándolo

Ejercicio 7 p. 66

1 Me he despertado
2 no se la he dicho
3 la he puesto
4 Nos lo hemos secado

Ejercicio 8 p. 67

1 Fabrican perfumes de lavanda allí.
→ Se fabrican perfumes de lavanda allí
2 En ese restaurante preparan muy bien la paella.
→ En ese restaurante se prepara muy bien la paella
3 Van a celebrar el acto de inauguración este sábado.
→ Se va a celebrar el acto de inauguración este sábado
4 Reparten las cartas certificadas entre la una y las cuatro.
→ Se reparten las cartas certificadas entre la una y las cuatro
5 Van a construir el estadio el año que viene.
→ Se va a construir el estadio el año que viene

Ejercicio 9 p. 68

1 Se necesita tener visado para viajar a aquel país
2 Se dice que tú no te encuentras bien
3 Se supone que el presidente va a dar un discurso mañana
4 Se puede aprender español sin vivir en un país hispanohablante
5 En Corea se usa palillos en vez de tenedor cuando come

Ejercicio 10 p. 68

1 ⓑ 2 ⓓ
3 ⓒ 4 ⓐ

LECCIÓN 3 ¿Qué hiciste ayer?

Actividad 2 p. 72

1 ⓔ 2 ⓑ 3 ⓕ

4 ⓒ 5 ⓓ 6 ⓐ

Actividad 3 p. 73

1 ⓒ 2 ⓐ 3 ⓑ
4 ⓓ 5 ⓗ 6 ⓔ
7 ⓖ 8 ⓕ

Actividad 5 p. 75

1 llegaron 2 encontró
3 trabajó 4 saludó
5 salieron 6 bailó
7 tomó 8 Regresó

Actividad 9 p. 78

1 Miguel, ciento nueve(109)
2 Javier, treinta y un(31)
3 Miguel, veinticuatro(24)
4 Julio
5 Julio
6 Miguel, trece(13)

Actividad 10 p. 79

1 ⓒ 2 ⓐ
3 ⓑ 4 ⓓ

Ejercicio 1 p. 85

1 salió
2 bebimos
3 saqué
4 se acostaron
5 leísteis
6 te quedaste

Ejercicio 2 p. 85

1 ellos regresaron a casa muy tarde
2 él se levantó a las once de la mañana
3 Qué perdisteis
4 mis amigos leyeron una novela de Isabel Allende
5 vosotros no me contasteis nada de esa historia
6 tomamos clases de lengua y literatura
7 llovió mucho y no hizo buen tiempo

Ejercicio 3 p. 86

1 salí 2 me equivoqué
3 me bajé 4 esperé
5 Llegué 6 se enfadó
7 pagué

Ejercicio 4 p. 86

1 Pablo reservó una mesa en un restaurante vasco
2 Vosotros mirasteis la carta para pedir la comida
3 El camarero nos recomendó la paella y la chuleta de cordero
4 Mi familia compartió la paella con los vecinos
5 Elena y yo comimos chuleta
6 Nadie bebió cerveza

Ejercicio 5 p. 88

1 ¡Qué rica está esta paella!
2 ¡Qué baratos son estos tomates!
3 ¡Qué delgada está Marta!
4 ¡Qué mal hablaron de ti!
5 ¡Qué bueno está este vino!
6 ¡Qué rápido corre ese coche!

Ejercicio 6 p. 88

1 ⓑ 2 ⓒ 3 ⓔ
4 ⓐ 5 ⓕ 6 ⓓ

Ejercicio 7 p. 90

1 el día más feliz
2 la clase más difícil
3 el edificio más antiguo
4 la noticia más sorprendente
5 el plato más barato

Ejercicio 8 p. 90

1 el mayor
2 la peor
3 la menor
4 los mejores
5 las mejores

Ejercicio 9 p. 92

1 Para
2 para
3 por
4 para
5 por
6 por
7 para
8 para

Ejercicio 10 p. 92

1 por
2 para
3 por
4 para
5 por
6 para

LECCIÓN 4 ¿Cuándo nació usted?

Actividad 1 p. 95

1 ⓒ
2 ⓔ
3 ⓐ
4 ⓓ
5 ⓕ
6 ⓑ

Actividad 3 p. 95

1 1998
2 abuela
3 tres
4 importación
5 lenguas modernas

Actividad 4 p. 96-97

1 ⓒ
2 ⓓ
3 ⓒ
4 ⓒ
5 ⓓ

Actividad 8 p. 101

1 ⓑ
2 ⓔ
3 ⓓ
4 ⓒ
5 ⓐ

Actividad 9 p. 101

1 F
2 F
3 V
4 F
5 F

Ejercicio 1 p. 106

1 vimos
2 hizo
3 fuiste
4 durmieron
5 tuvo
6 trajeron

Ejercicio 2 p. 106-107

1 Marisa y Clara dieron una fiesta en su casa
2 Nosotros supimos el secreto de Alejandro
3 Mi esposo me mintió varias veces
4 Yo no pude conseguir la beca
5 No te dijeron la verdad
6 Mucha gente anduvo en bicicleta en el parque
7 Muchísimas personas vinieron a ver este espectáculo

Ejercicio 3 p. 107

Salvador Dalí nació en 1904 en Figueras, España. Estudió en la Escuela de Bellas Artes de Madrid. Comenzó a trabajar en 1928 en París, donde conoció las vanguardias francesas. En 1940 expuso en Nueva York. Murió en 1989 en su pueblo natal de Figueras.

Ejercicio 4 p. 108

1 fue
2 vinieron
3 empezó
4 se vistió
5 se reunieron
6 bailó

Ejercicio 5 p. 108

Elena fue de viaje a Ibiza con su hermana. Allí se alojaron en un hotel de lujo. Elena prefirió pagar más por una habitación con vista al mar. Después de dejar sus maletas en la habitación bajaron y pidieron dos limonadas en el bar junto a la playa. Un camarero guapísimo les sirvió las bebidas. Les encantaron. Luego Elena se bañó en el mar y su hermana hizo un castillo de arena. Las dos se divirtieron muchísimo.

Ejercicio 6 p. 109

1 murió　2 empecé
3 nació　4 me gradué
5 me corté

Ejercicio 7 p. 109

1 va　2 espera
3 practicas　4 estudio
5 juega

Ejercicio 8 p. 110

1 nevó, ha llovido
2 tuve, he tenido
3 toqué, he ido
4 dormí, he dormido

Ejercicio 9 p. 111

1 riquísimo　2 altísimas
3 limpísimo　4 pequeñísima
5 larguísimos

Ejercicio 10 p. 112

1 lujosísimo　2 facilísimo
3 dulcísimos　4 viejísimo
5 simpatiquísimo

LECCIÓN 5 ¿Qué hacías cuando eras niña?

Actividad 3 p. 115

1 podías　2 dormías
3 llorabas　4 Tenías
5 tratábamos　6 cantaban
7 vestían　8 eras

Actividad 6 p. 118

1 ⓑ　2 ⓒ　3 ⓓ
4 ⓐ　5 ⓕ　6 ⓔ

Actividad 7 p. 120-121

1 Mi mamá cocinaba, cuando sonó el teléfono.
2 Cuando me desperté, eran las ocho de la mañana.
3 Tú no tenías paraguas cuando empezó a llover de repente.
4 Cuando mi hermano se enamoró por primera vez, tenía dieciséis años.
5 Cuando Carlos y Paloma terminaron el examen, estaban agotados.
6 Nosotros caminábamos por la calle, cuando ellos comenzaron a lanzar fuegos artificiales.

Actividad 9 [repuestas posibles] p. 122

1 Antes casi todos los bebés nacían en casa.
2 Las mujeres llevaban falda.
3 Los hombres casi no usaban cosméticos.
4 Se comía en casa con frecuencia.
5 Las familias eran más grandes.
6 Antes muchas personas vivían en casas particulares en el campo.
7 Nos comunicábamos por carta o teléfono fijo.
8 Muchos jóvenes preferían casarse a quedarse solteros.

Ejercicio 1 p. 127

1 comprendían　2 eras
3 bailaban　4 vivíais
5 hablaba　6 viajábamos
7 veían　8 preguntaban

Ejercicio 2 p. 127

1 era　2 tenía
3 salía　4 gustaba
5 se ponía　6 aparecía

Ejercicio 3 p. 129

1 salías　2 explicaba
3 desayunaban　4 venía
5 iba　6 íbamos

Ejercicio 4 p. 129

1 estaba yendo
2 estaba tomando
3 estaban jugando
4 estábamos paseando
5 estaban leyendo
6 estabas volando
7 estaban montando
8 estaba durmiendo

Ejercicio 5 p. 131

1	dijo	2	íbamos
3	decidí	4	tenía
5	pedí	6	trajo
7	había	8	leían
9	Eran	10	regresé

Ejercicio 6 p. 132

1	Me desperté	2	llegué
3	Tenía	4	hablaba
5	me dormí	6	empecé
7	se cayó	8	fijó
9	gritó	10	tuve
11	se rio		

Ejercicio 7 p. 132

Había una chica muy joven y bella en un lejano reino. Se llamaba Cenicienta. Vivía con su madrastra y dos hermanastras porque su madre murió cuando ella era pequeña. Cenicienta tenía que limpiar toda la casa incluso la chimenea así que siempre estaba manchada de ceniza. Por eso la llamaban Cenicienta. Un día, el rey de aquel lugar organizó un gran baile e invitó a todas las doncellas del país porque quería elegir una esposa para su hijo. Al cabo de unos días llegó el día del baile. Cenicienta quería ir al baile, pero no tenía vestido ni zapatos. La madrastra y sus dos hijas salieron de casa y se marcharon hacia el palacio real. Cenicienta se quedó sola en casa y se puso a llorar. De repente, un hada madrina apareció delante de ella y sacó su varita mágica.

Ejercicio 8 p. 132

1	supe	2	pude
3	era	4	conocí
5	fue	6	sabía

Ejercicio 9 p. 134

1	ⓑ	2	ⓓ
3	ⓒ	4	ⓐ

Ejercicio 10 p. 134

1	la mía	2	el mío
3	el suyo	4	las nuestras
5	los suyos		

LECCIÓN 6 Esta ciudad fue construida por los incas

Actividad 1 p. 137

1	ⓓ	2	ⓑ
3	ⓐ	4	ⓒ

Actividad 2 p. 137

3 - 2 - 4 - 1

Actividad 3 p. 138

1	ⓑ	2	ⓔ	3	ⓐ
4	ⓒ	5	ⓓ		

Actividad 7 p. 142-143

1 Dijo que Corea había vencido a Italia por dos a uno en la Copa Mundial.

2 Dijo que la policía había atrapado a los atracadores del banco.

3 Dijo que el alpinista había llegado a la cima del monte Everest con mucha dificultad.

4 Dijo que el incendio se había expandido hasta muy dentro de la montaña.

5 Dijo que había estallado una bomba en la ciudad.

Actividad 8 p. 143-144

1 Mi mamá ya había preparado la cena cuando llegué a casa.

2 Mi hermano aún no se había levantado cuando entré en su habitación.

3 Mi telenovela favorita ya se había acabado cuando puse la televisión.

4 Ya había empezado a nevar cuando salí de viaje.

5 Mi novia ya se había marchado cuando llegué al lugar de la cita.

6 El libro ya se había agotado cuando fui a comprarlo.

Actividad 9 p. 145

1 V 2 F

3 F 4 F

Ejercicio 1 p. 149

1 La joyería fue asaltada por dos jóvenes anoche

2 Los manifestantes han sido detenidos por la policía

3 Aquella obra fue pintada por Frida Kahlo

4 Esos edificios tan altos fueron construidos por los obreros coreanos

5 Esta noche una decisión muy crítica ha sido tomada por el juez

6 Estos platos coreanos han sido preparados por mi vecino

Ejercicio 2 p. 149

1 ser sorteados

2 sido expuestas

3 fue creado

4 ser liberados

5 es considerada

6 ser identificados

Ejercicio 3 p. 150

1 un millón doscientos treinta y cuatro mil quinientos sesenta y siete

2 setenta y un millones quinientos treinta y dos mil ciento cuarenta y ocho

3 cuarenta y nueve millones ochocientos treinta mil habitantes

4 novecientas ochenta y siete millones ciento cuatro mil trescientas veintiuna personas

5 nueve mil quinientas setenta y tres millones de libras

6 un billón setecientos once mil cuatrocientos noventa y un millones de dólares

Ejercicio 4 p. 151

1 habían salido

2 había amanecido

3 se habían agotado

4 habían vendido

5 había empezado

6 se había acostado

7 había recomendado

Ejercicio 5 p. 152

1 habían roto

2 habían entrenado

3 habían intentado

4 habían recibido

Ejercicio 6 p. 152

1 Cuando llegué al aeropuerto, el avión a Nueva York ya se había ido.

2 Cuando Juan fue a comprar comidas y bebidas, ya habían cerrado las tiendas.

3 Cuando conocí a Marta, ya había acabado la carrera de periodismo.

4 Cuando anocheció, todos habían vuelto a su casa ya.

5 Cuando llegaron mis padres, yo ya había limpiado toda la casa.

6 Cuando la llamé por teléfono, ella ya se había acostado.

Ejercicio 7 p. 153

1-ⓓ Llegué tarde a la oficina porque había tenido un pequeño accidente del coche.

2-ⓐ Juan sacó una buena nota porque había estudiado mucho.

3-ⓔ No pudo comprar nada porque había dejado la tarjeta de crédito en casa.

4-ⓒ No pudieron entrar en casa porque habían dejado las llaves dentro.

5-ⓑ No reconocimos a Ana porque se había cortado y se había teñido el pelo.

6-ⓖ Te desmayaste porque no habías comido ni habías bebido nada.

Ejercicio 8 p. 155

1	fui	2	Había
3	estaba	4	llegué
5	era	6	había venido
7	hubo	8	habían bebido
9	hacían	10	tuvieron

Ejercicio 9 p. 155

1 venía
2 me encontré
3 era
4 fuimos
5 habíamos estado
6 Estuvimos
7 llegué
8 me metí
9 me levanté (me he levantado)
10 dolía

Ejercicio 10 p. 155

1 había quedado
2 estuve
3 Fui
4 presentaron
5 Eran
6 conocía
7 pasamos

Ejercicio 11 p. 156

1 Fui
2 queríamos
3 pudimos
4 se habían agotado
5 hacía
6 dimos
7 tuve
8 llamaron
9 se había caído
10 se había roto

LECCIÓN 7 ¿Cómo será el mundo en el futuro?

Actividad 4 p. 160

1	ⓓ	2	ⓒ
3	ⓐ	4	ⓑ

Actividad 7 p. 162

1	ⓓ	2	ⓐ
3	ⓑ	4	ⓒ

Actividad. 8 p. 163

1	F	2	V
3	F	4	F

Ejercicio 1 p. 170

1	veré	2	Saldrá
3	pondrás	4	sabremos
5	se levantarán	6	dará
7	querrá	8	haré

Ejercicio 2 p. 170

1	ⓓ	2	ⓐ
3	ⓒ	4	ⓑ

Ejercicio 3 p. 171

1-ⓕ A ¿Cuáto mide aquel futbolista?
B No sé. Pero medirá más de dos metros.

2-ⓔ A ¿Qué tiempo hará mañana?
B Lloverá mucho.

3-ⓑ A ¿Tienes tiempo para hablar conmigo?
B Creo que tendré tiempo.

4-ⓐ A ¿Cuándo vienes a mi casa?
B Iré a tu casa al mediodía.

5-ⓓ A ¿Qué quieres ser en el futuro?
B No sé. Quizás seré piloto.

6-ⓒ A ¿Dónde trabajarás?
B Imagino que trabajaré en un banco.

Ejercicio 4 p. 171

1 será 2 dejaré
3 adelgazaré 4 comeré
5 beberé 6 pasaré
7 haré 8 saldré
9 empezaré

Ejercicio 5 p. 172

1 compraré 2 seguiré
3 pediré 4 tendrás
5 mantendré 6 mudará
7 sabrá 8 llegará
9 querrá 10 Habrá

Ejercicio 6 p. 175

1 ⓑ 2 ⓒ
3 ⓓ 4 ⓐ

Ejercicio 7 p. 175

1 gustaría 2 hablaría
3 haría 4 importaría
5 deberías 6 estaría
7 Podría 8 Serían

Ejercicio 8 p. 176

1 iría 2 Buscaría
3 Pediría 4 conseguiría
5 Visitaría 6 vería

Ejercicio 9 p. 178

1 ⓓ 2 ⓒ
3 ⓑ 4 ⓐ

Ejercicio 10 p. 178

1 ti 2 tú
3 mí 4 conmigo
5 con él 6 yo

LECCIÓN 8 Reciclen el aluminio, el vidrio y el plástico

Actividad 1 p. 180

1 ballena 2 fábrica
3 polvo 4 hierba
5 reciclaje 6 energía
7 campo

Actividad 2 p. 181

1 el rinoceronte
2 el gorila
3 el lobo
4 el tigre
5 el oso polar
6 el pingüino
7 el jaguar
8 el orangután
9 el elefante asiático
10 el delfín
11 la tortuga
12 el atún rojo

Actividad 3 p. 182

1 ⓑ 2 ⓐ 3 ⓔ
4 ⓒ 5 ⓓ

Actividad 4 p. 183

1 ⓔ 2 ⓐ 3 ⓒ
4 ⓓ 5 ⓕ 6 ⓑ

Actividad 6 p. 186

1 ⓔ 2 ⓐ 3 ⓑ
4 ⓓ 5 ⓒ

Actividad 7 p. 186

1 ⓑ 2 ⓒ 3 ⓔ
4 ⓐ 5 ⓓ

Actividad 9 p. 187

1 V 2 F
3 V 4 F

Ejercicio 1 p. 192

1 No tire 2 No malgaste
3 Desenchufe 4 Separe
5 Vaya 6 Reduzca
7 recicle 8 reutilice

Ejercicio 2 p. 192

1 Protejan 2 Hagan
3 Boicoteen 4 Luchen
5 viertan 6 Planten

Ejercicio 3 p. 194

1 Ten paciencia. / No tengas paciencia.
2 Sal de aquí. / No salgas de aquí.
3 Reduce la velocidad. / No reduzcas la velocidad.
4 Saca la basura. / No saques la basura.
5 Entrega el informe. / No entregues el informe.
6 Ven acá. / No vengas acá.
7 Di el secreto. / No digas el secreto.
8 Empieza sin mí. / No empieces sin mí.

Ejercicio 4 p. 194

1 Lleva 2 No abuses
3 Apaga 4 Cierra
5 Imprime 6 No manejes
7 utiliza

Ejercicio 5 p. 196

1 Limpiad 2 Haced
3 No crucéis 4 Decid
5 No habléis 6 No toméis
7 Sed 8 Entregad

Ejercicio 6 p. 196

1 Grabad este programa / No grabéis este programa
2 Id a la casa de los abuelos mañana / No vayáis a la casa de los abuelos mañana
3 Empezad a comer si a las dos todavía no he llegado / No empecéis a comer si a las dos todavía no he llegado
4 Borrad algunos archivos de la computadora / No borréis ningún archivo de la computadora
5 Jugad afuera ahora / No juguéis afuera ahora

Ejercicio 7 p. 197

1 Quitáoslos (= Quítenselos) / No os los quitéis (= No se los quiten)
2 Apágala / No la apagues
3 Tráiganosla (= Tráenosla) / No nos la traiga (= No nos la traigas)
4 Pásemela / No me la pase

Ejercicio 8 p. 198

1 hable 2 cómprame
3 tráenos 4 siéntense, presten
5 ten 6 suelte
7 tiréis

Ejercicio 9 p. 198

1 Reinícielo 2 Imprímala
3 Bórrelos 4 Púlselo
5 tírelos 6 Bájelo

Traductiones de los diálogos | 대화 번역

LECCIÓN 1 ¿Qué has hecho para mejorar la salud?

TEMA 1 La salud y las dolencias

A 무슨 일이신가요?

B 모르겠어요, 선생님. 몸이 아주 좋지는 않아요.

A 어떤 증상이 있으신가요?

B 머리와 목이 아파요. 게다가 기침도 아주 심하게 해서 밤에 잠을 잘 수가 없어요.

A 열이 있나요?

B 네, 열이 많이 나요.

A 독감이네요. 혹시 알레르기 반응을 일으키는 약 있으세요?

B 아니요, 특별히 없습니다.

TEMA 2 La nutrición

A 안녕, 페드로. 너 더 날씬해진 것 같아. 뭐 했길래 그렇게 살이 많이 빠진 거야?

B 다이어트를 했어. 요즘 물을 많이 마시고 채소를 많이 먹어.

A 그럼 고기와 생선도 안 먹어?

B 먹어, 매일 고기 혹은 생선을 먹어.

A 와, 믿을 수 없어!

B 에이, 왜 그래? 중요한 것은 균형 잡힌 식단을 유지하고 운동을 많이 하는 거야.

TEMA 3 Las experiencias

A 오랜만이야!

B 그러게! 유럽 여행에서 막 돌아왔어.

A 정말? 진짜 부럽다! 방문했던 모든 장소 중에서 어디가 제일 좋았어?

B 스페인의 그라나다.

A 왜?

B 왜냐하면 인상적인 기념물들이 많이 있기 때문이지.

LECCIÓN 2 ¿Qué estás haciendo ahora?

TEMA 1 Acciones en progreso

A 안녕, 페페 어디야?

B 집이야.

A 뭐 하고 있어?

B 인터넷 서핑을 하고 있어. 너는?

A 텔레비전을 보고 있어. 심심해.

B 나도.

A 지금 우리 만날까?

B 그렇다면 삼십 분 후에 마요르 광장에서 보자.

A 좋아, 곧 보자.

TEMA 2 Las amistades

A 크리스티나, 여기서 뭐 하고 있어?

B 안녕, 우리 엄마를 위한 뭔가 특별한 것을 찾고 있어. 내일이 엄마 생신이시거든. 그런데 너는, 뭐 해?

A 나도 쇼핑 중이야. 내가 선물 고르는 거 도와줄까?

B 응. 이 가방 봐 봐. 정말 예쁘다! 어머! 200유로네. 그런데 난 100유로밖에 없는데.

A 정말로 네가 선물하고 싶다면, 내가 너에게 100유로를 빌려 줄게.

TEMA 3 Las recetas

A 카르멘, 이 상그리아 정말 맛있다. 어떻게 만드는 거야?

B 아주 쉬워. 먼저 항아리에 적포도주 한 병을 부어. 그다음에 복숭아 두 개와 사과 하나를 썰어서 포도주에 넣어.

A 그게 다 된 거야?

B 그 다음에 설탕과 레몬주스를 부어.

A 그게 다야?

B 아직 아니야. 섞은 것을 삼십 분 동안 냉장고에 놔둬. 그다음에 많은 얼음과 약간의 럼주와 탄산수를 넣어.

A 기가 막히네! 고마워.

LECCIÓN 3 ¿Qué hiciste ayer?

TEMA 1 Acciones pasadas

어제 나는 9시에 일어났다.

↓

나는 10분 동안 샤워했다.

↓

9시 반에 나는 아침을 먹었다.

↓

9시 45분에 나는 거리로 나갔다.

↓

나는 가판대에서 신문을 샀다.

↓

나는 근처에 사는 친구에게 전화했다.

↓

우리 둘은 잠깐 동안 산책했다.

↓

우리는 커피를 마셨고 이야기를 나누었다.

↓

2시에 나는 그녀를 그녀의 집에 바래다주었다.

↓

나는 집에 돌아왔다.

↓

그 후에, 가족과 외식했다.

↓

다음에 나는 잠깐 동안 낮잠을 잤다.

↓

오후에는 동네의 친구 몇몇과 영화를 보러 다시 나갔다.

↓

그 후에 바에서 포도주와 타파스를 먹었다.

↓

아주 시간을 잘 보냈다.

TEMA 2 Los momentos especiales

A 처음으로 멕시코 음식을 먹어 본 것을 기억해?
B 응, 일 년 전에 먹어 봤어.
A 어땠어?
B 아주 좋았어. 하지만 매우 매웠어.
A 우리 이 근처에 멕시코 식당이 있으면 갈까?
B 응. 프린시팔 거리에 하나 있어. 내가 살게. 가자.

TEMA 3 Los mejores del mundo

A 네 생각에는 세상에서 최고의 가수가 누구야?
B 내 생각에는 최고의 가수는 루이스 미겔이야.
A 왜?
B 그의 노래는 가사가 로맨틱하고 아주 달콤한 목소리를 지니고 있거든. 너무 좋아. 얼마나 노래를 잘하는지!
A 나는 루이스 폰시를 좋아하는데.
B 가장 유명한 노래가 어떤 노래야?
A '데스파시토'라는 곡이야.

LECCIÓN 4 ¿Cuándo nació usted?

TEMA 1 La biografía y el currículum vitae

A 당신은 언제 태어났나요?
B 1998년 7월 29일에 태어났습니다.
A 어디에서요?
B 세고비아에서요.
A 예전에는 어디에서 일했나요?
B 2년 동안 출판사에서 일했습니다.

TEMA 2 Un recuerdo inolvidable

나의 열다섯 번째 생일(낀세아녜라)은 잊을 수 없는 날이었다.

그날 밤에 나는 잠을 잘 수 없었다.

↓

다음날 아주 우아한 원피스를 입고 교회에 갔다.

↓

할아버지, 할머니, 삼촌들, 사촌들이 열다섯 번째 생일 파티(낀세아녜라)에 왔다.

↓

나는 내 마지막 바비 인형에 '안녕'이라고 말했다.

↓

나는 아빠와 '15송이 장미의 왈츠'를 추었다.

↓

그 밤이 끝날 무렵에 아빠는 '아주 사랑스러운 나의 딸을 위해 건배합시다.'라고 말씀하셨다.

TEMA 3 Los hechos históricos

1 미국의 우주 비행사 닐 암스트롱은 1969년 7월 21일에 달에 도착했다.

2 베를린 장벽이 1989년 11월 9일에 무너졌다.

3 2011년에 일본에서 지진이 일어났다. 지진 후에 쓰나미로 인한 많은 홍수가 발생했다.

4 이세돌과 알파고는 2016년에 5번의 경기를 했다. 경기는 4대 1로 알파고의 승리로 끝났다.

5 버락 오바마는 2008년 11월 4일에 미국 최초의 아프리카계 미국인 대통령이 되었다.

6 영국의 대서양 횡단 타이타닉 호는 1912년 4월 14일에 빙하와 부딪친 후에 침몰했다. 1,512명이 사망했다.

LECCIÓN 5 ¿Qué hacías cuando eras niña?

TEMA 1 La niñez

A 너는 어렸을 때 친구들하고 주로 뭐 하고 놀았어?

B 우리는 숨바꼭질하거나 공놀이하거나 아니면 블록 갖고 놀았어. 너는?

A 나는 집에서 많이 나가지 않았어. 부모님이 항상 밖에서 노는 것은 위험하다고 말씀하셨거든.

B 그럼 뭐 했는데?

A 피아노를 치고 할아버지, 할머니하고 이야기하는 것을 좋아했어.

B 아, 네가 할아버지, 할머니하고 왜 그렇게 잘 지내는지 이제야 알겠다.

TEMA 2 La juventud

A 아빠, 아빠는 밤에 친구들과 자주 놀러 나가셨어요?

B 응, 그랬지. 주말마다 상당히 재미있게 지내곤 했지.

A 그런데 아빠는 왜 제가 밤에 놀러 나가는 것을 허락하지 않으시는 건데요?

B 왜냐하면 너는 나에게 정말 소중한 딸이라 네가 위험에 처하는 것을 원치 않는단다.

A 아빠, 그건 아니죠! 저도 제 젊음을 즐길 권리가 있는 거잖아요.

B 잠이나 자! 이제 잘 시간이야!

TEMA 3 La narración

A 너 어제 왜 전화 안 받은 거니? 너한테 여러 번 전화했어.

B 미안해. 전화기를 갖고 나가는 것을 깜빡했어. 무슨 일이었는데?

A 삼촌이 방탄소년단 콘서트 표 두 장을 주셔서 네가 가고 싶은지 물어보려 했었어. 표는 어제 거였어.

B 그래서 너도 못 갔어?

A 음, 가기는 했지. 그런 멋진 기회를 놓칠 수는 없었어. 미안해.

B 괜찮아. 내가 너한테 고맙지.

LECCIÓN 6 Esta ciudad fue construida por los incas

TEMA 1 El turismo

A 야, 너 지난 토요일, 텔레비전에서 〈미션〉 영화 봤니?

B 아니, 그런데 과라니족의 이야기를 다룬 영화라는 것은 알고 있어. 슬프고도 감동적이야.

A 맞아. 나는 영화 속의 음악과 영상이 너무 좋았어. 특히 이구아수 폭포 장면이 내게는 압권이었어.

B 그런데 이구아수가 무슨 뜻인지 너 아니?

A 응, '엄청난 양의 물'을 뜻하는 과라니어 단어야.

TEMA 2 La economía

A 안녕하세요, 저 예금 계좌를 개설하고 싶은데요.

B 알겠습니다. 저에게 여권 좀 보여 주실 수 있나요?

A 여기 있습니다. 한 가지 더 있는데요, 은행에서 인터넷 뱅킹 서비스를 제공하나요?

B 네, 고객님.

A 앞으로는 긴 줄을 서면서 많은 시간을 허비하고 싶지 않아서요.

B 자, 이제 새 은행 예금 계좌를 위한 준비가 다 되었습니다. 얼마를 예금하시겠습니까?

A 천 페소요. 여기 있습니다. 감사합니다.

TEMA 3 Las noticias

A 카를로스, 지금 막 텔레비전에서 뉴스를 봤는데 멕시코에서 엄청난 지진이 일어났다고 하던데.

B 정말로? 어느 지역인데? 우리 가족이 거기에서 살고 있어서 그래.

A 나도 확실치는 않은데 피해 지역이 거기에서는 먼 곳 같았어.

B 그럼, 나중에 통화하자. 지금 당장 지진 소식을 읽어 봐야 겠어.

TEMA 3 La entrevista del trabajo

A 당신은 어떤 분야의 일을 하고 싶으신가요?

B 인력 개발팀에서 일했으면 좋겠습니다.

A 당신은 자기소개를 어떻게 하겠습니까?

B 저는 제 자신을 정직하고 성실한 사람이라 말할 것입니다.

A 당신의 최고 덕목(장점)을 말씀해 주시겠습니까?

B 저는 4개 국어를 할 수 있고 이 회사와 유사한 회사 두 곳에서 인턴 경험도 있습니다.

LECCIÓN 7 ¿Cómo será el mundo en el futuro?

TEMA 1 Los planes de futuro

A 너 졸업한 후에 뭐 할 거니?

B 아직은 모르겠어. 그런데 유튜브 크리에이터가 되고 싶어.

A 믿을 수가 없는걸. 너는 신기술은 별로 안 좋아했었잖아.

B 전에는 별로였지. 그런데 미주 대륙을 여행한 후 아주 좋아하게 됐어. 너는 어떤 분야의 일을 구하고 싶니?

A 나는 언론 분야에서 일자리를 구할 거야.

B 너는 틀림없이 구할 거야. 잘될 거야.

TEMA 2 Las predicciones sobre el mundo futuro

A 너 〈마션〉 영화 봤니?

B 응, 지난 토요일에 여자 친구랑 봤어. 우리는 상당히 깊은 인상을 받았어.

A 너는 조만간 인간이 붉은 행성, 화성에 발을 내디딜 거라고 생각하니?

B 나는 전혀 모르겠어.

A 어쩌면 영화에서 보는 것처럼 그 행성에도 언젠가는 사람이 거주할 수 있을 거야. 하지만 우리 지구를 지키는 것이 정말 중요해.

B 네 의견에 완전히 동의해. 지구는 우리 조상들의 유산이 아니고 우리 후손에게 갚아야 할 빚이야.

LECCIÓN 8 Reciclen el aluminio, el vidrio y el plástico

TEMA 1 El medioambiente

A 나는 여러 동물들이 멸종되는 게 걱정 돼.

B 맞아, 지금 심각한 문제야. 기후 변화도 가속화되고 있어.

A 조만간 다큐멘터리 프로그램에서만 동물들을 볼 수 있을 거야.

B 근데, 너 북극곰에 관한 다큐멘터리 봤니?

A 응, 너무 안타까웠어. 엄청난 어려움을 겪고 있더라고.

B 우리 인간의 잘못이라고 생각해. 우리는 그들을 멸종 위기로부터 보호하기 위해 즉시 뭔가를 해야 해.

TEMA 2 Los problemas y sus soluciones

A 아들, 저기 빈자리 있다. 저기 앉으렴.

B 네, 엄마.

A 그런데, 아들, 다리 좀 오므리지 그러니? 다른 사람들에게 폐를 끼치잖아. 제대로 좀 앉아 봐.

B 저는 이게 더 편해요, 엄마.

A 말 좀 들어라, 아들. 안 그러면 나 화낼 거다!

TEMA 3 Los problemas ecológicos

A 우리 공원 산책하러 나가는 거 너 어떠니?

B 무슨 얘기야! 하늘 못 봤어? 대기 오염이 심해 보여서 집에서 안 나가는 게 좋겠어.

A 대기 오염 경고 문자 받았어? 안 받았으면 나가도 되잖아.

B 응, 막 왔어.

A 이런 젠장! 이 미세 먼지 문제는 끔찍해.

B 그럼에도 불구하고 지금은 이 문제에서 벗어나기 위해 아무것도 할 수 없다는 거지.

Transcripciones | 듣기 활동 대본 • 읽기 지문 번역

LECCIÓN 1 ¿Qué has hecho para mejorar la salud?

Actividad 5

Esteban Sonia, ¿qué haces tú para mantenerte sana?

Sonia Pues, intento comer muchas verduras y frutas todos los días. ¿Y tú, Esteban?

Esteban Yo suelo comer carne porque no me gustan las verduras. Casi no las como.

Sonia Cuidado. Comer solo carne roja no es bueno para la salud.

Esteban Tienes razón. Pero yo bebo mucha agua, al menos, dos litros cada día. Y nunca tomo nada dulce.

Sonia Yo, al contrario. Me encantan los postres dulces. Siempre tomo uno después de cada comida.

Esteban Yo no tomo dulces, pero tomo mucho café.

Sonia ¿Cuántas tazas de café tomas al día?

Esteban Tomo más o menos cuatro tazas.

Sonia Uy, son demasiadas. ¿Puedes dormir bien por la noche?

Esteban Sí, es que no me hace ningún efecto la cafeína.

Sonia ¡Qué bien, chico! A mí me da ansiedad. Yo no puedo dormir si tomo más de dos tazas.

에스테반 소니아, 건강을 유지하기 위해 무엇을 하니?

소니아 음, 매일 채소와 과일을 많이 먹으려고 해. 너는, 에스테반?

에스테반 나는 채소는 별로 좋아하지 않아서 고기를 자주 먹어. 채소는 거의 안 먹어.

소니아 조심해라. 붉은 육류만 먹는 건 건강에 좋지 않아.

에스테반 네 말이 맞아. 근데 나는 물을 많이 마셔, 적어도 날마다 2리터 정도. 그리고 단것은 절대 안 먹어.

소니아 반대로 나는 달달한 후식을 좋아하는데. 식후에 항상 하나씩 먹어.

에스테반 나는 단것은 안 먹어. 하지만 커피는 많이 마셔.

소니아 하루에 몇 잔을 마시는데?

에스테반 네 잔쯤.

소니아 야, 너무 많다. 밤에 잠잘 수 있어?

에스테반 응. 카페인이 나에겐 전혀 영향이 없어.

소니아 정말 좋겠다! 나는 카페인을 섭취하면 불안해지는데. 2잔 이상 마시면 잠을 잘 수 없어.

Actividad 10

Querido diario:

Hoy yo he tenido un mal día. Al ir a la escuela en bicicleta he chocado contra un coche en una esquina. Gracias a Dios, enseguida ha llegado el servicio de primeros auxilios y me han llevado al hospital en una ambulancia. Mi madre ha venido al hospital y ha rellenado el formulario en la recepción. Mientras tanto, la enfermera me ha tomado la tensión y el pulso. Luego el técnico, una radiografía. Más tarde la médica me ha dicho: "Chico, no es grave. Solo tienes un tobillo torcido, así que no te hace falta estar tan nervioso." Después de oír eso, mi madre y yo nos hemos sentido aliviados. Hoy ha sido un día muy duro.

나의 일기장에게

오늘은 일진이 나쁜 날이었어. 자전거를 타고 학교에 가다가 길 모퉁이에서 차와 부딪쳤어. 다행히도 곧바로, 긴급 구조대가 도착하고 나를 구급차에 태워 병원에 데리고 갔어. 엄마가 병원에 오셨고 접수처에서 서류를 작성하셨어. 그러는 동안에 간호사가 나의 혈압과 맥박을 쟀고, 그다음 방사선 기사는 엑스레이를 찍었어. 나중에 의사 선생님이 나에게 말하길, "얘야, 심각하지는 않단다. 발목을 삐었을 뿐이니 그렇게 걱정할 필요는 없단다." 그 말을 들은 후에 엄마와 나는 안도했어. 오늘은 정말 힘든 하루였어.

LECCIÓN 2 ¿Qué estás haciendo ahora?

Actividad 5

1 **A** ¿En qué puedo ayudarle?
B Necesito un libro sobre los programas informáticos.
A Puede encontrarlos en la sección de Informática al final del pasillo.

2 **A** Quería reservar una mesa.
B ¿Para qué día y para cuántas personas?
A Para cuatro personas para cenar este sábado.

3 **A** ¿Puedo concertar una cita con el doctor para mañana?
B ¿Qué le parece a las once?
A Perfecto. Gracias.

4 **A** ¿Me puede hacer un descuento?
B Se la dejo por quinientos pesos.
A De acuerdo. Me la llevo.

1 **A** 무엇을 도와드릴까요?
B 컴퓨터 프로그램 사용에 관한 책이 필요한데요.
A 복도 끝에 있는 컴퓨터 섹션에서 찾을 수 있을 겁니다.

2 **A** 자리를 예약하고 싶은데요.
B 언제로 몇 분 예약해 드릴까요?
A 이번 주 토요일 저녁에 네 사람이요.

3 **A** 내일 의사 선생님의 진료를 예약할 수 있을까요?
B 11시 어떠세요?
A 좋습니다. 감사합니다.

4 **A** 할인해 주실 수 있으세요?
B 당신에게 그것을 500페소에 드릴게요.
A 좋아요. 제가 사 갈게요.

Actividad 6

Seúl, 14 de julio de 2019

Querida Cristina:

¿Cómo te va? ¿Cómo están nuestros amigos? Por aquí, yo estoy superbién, adaptándome a mi nueva vida.

Te escribo para preguntarte si te interesa intervenir en un programa televisivo conmigo este invierno. Es que un amigo que trabaja en una emisora, nos quiere invitar a su programa.

Y me parece que es una idea fenomenal para presentar nuestro país, España, en Corea del Sur y también para tener una bonita experiencia. ¿Qué te parece?

Esperando un sí, mil besos,

Paco

P.D.: Por favor, dale saludos de mi parte a tu familia.

2019년 7월 14일, 서울

친애하는 크리스티나에게

너 어떻게 지내? 우리 친구들은 잘 지내? 여기에 있는 나는 새로운 생활에 적응해 가면서 매우 잘 지내.

이번 여름에 나와 함께 텔레비전 프로그램에 참여하는 것에 관심이 있는지 물어보려고 너에게 편지를 써. 방송국에서 일하는 친구가 우리를 자기 프로그램에 초대하고 싶대.

우리 나라 스페인을 한국에 소개하면서 우리에게도 좋은 추억이 될 거 같아서 나는 아주 좋은 생각인 거 같아. 너는 어떻게 생각해?

긍정적인 답을 기다리며, 안녕.

파코

추신: 네 가족에게도 내 안부 전해 줘.

Actividad 10

La siesta en España

En España todavía hay gente que echa la siesta después de comer. Por eso, la mayoría de las tiendas cierran entre las dos y las cuatro de la tarde. Mucha gente va a su casa a almorzar y duerme la siesta.

Los beneficios de la siesta están científicamente probados por muchos investigadores. Se dice que después de la siesta mejora la actividad cerebral y aumenta el nivel de concentración.

En algunas empresas como Google, Nike, The New York Times, etc. se ofrece un espacio para dormir para sus empleados. El tiempo ideal para la siesta varía según los estudios entre los 20 y los 60 minutos.

Se recomienda echar la siesta tumbado, ya que con esa postura se relajan más los músculos. Si uno no tiene ganas de dormir, la sola acción de cerrar los ojos puede ser beneficiosa.

스페인의 낮잠

스페인에서는 점심시간 후에 낮잠을 자는 사람들이 여전히 있다. 그래서 대부분의 가게가 오후 2시부터 4시까지 문을 닫는다. 많은 사람들이 점심을 먹으러 자기 집에 가서 낮잠을 잔다.

낮잠의 이로움은 많은 연구자들에 의해 과학적으로 증명되고 있다. 낮잠 후에는 뇌 활동이 증가하고 집중력이 개선된다고 한다.

구글, 나이키, 뉴욕 타임스 등과 같은 몇몇 회사에서는 직원들을 위해 잠잘 공간을 제공한다. 이상적인 낮잠 시간은 20분에서 60분 사이로 연구에 따라 다르다.

누워서 낮잠 자는 것이 더 좋다고 하는데 이는 그 자세를 했을 때 근육이 더 이완되기 때문이다. 잠을 자고 싶지 않다면 눈을 감고 있는 행동만으로도 몸에 이롭다.

LECCIÓN 3 ¿Qué hiciste ayer?

Actividad 5

Anoche Pablo salió con su novia Josefina para ir a una fiesta. Ellos llegaron a la fiesta a las diez. Cuando Pablo entró, se encontró con Luis Rodríguez, un colega de la compañía donde trabajó hace unos años. Lo saludó y salieron a la terraza a charlar de aquellos tiempos en la compañía. Más tarde Pablo bailó mucho con Josefina y tomó varias copas de vino. Regresó a casa un poco borracho pero muy contento.

어젯밤 파블로는 파티에 가기 위해 여자 친구 호세피나와 나갔다. 그들은 밤 10시에 파티 장소에 도착했다. 파블로가 안으로 들어갔을 때 몇 년 전에 일했던 회사의 동료인 루이스 로드리게스와 마주쳤다. 그에게 인사하며 둘은 테라스로 나가 회사 시절의 이야기를 했다. 그 후에 파블로는 호세피나와 춤을 많이 추었고 포도주를 여러 잔 마셨다. 살짝 취했지만 매우 만족스러운 상태로 집에 돌아왔다.

Actividad 10

1 En Xochimilco, México hay una isla conocida como la Isla de las Muñecas, donde hay muñecas colgadas de los árboles.

2 El Salar de Uyuni, en Bolivia, es el desierto de sal más grande del mundo. Entre los meses de enero y marzo, el salar refleja las nubes y no se distingue el cielo de la tierra.

3 La Sagrada Familia es una basílica católica de Barcelona en España, diseñada por el arquitecto Antoni Gaudí e iniciada en 1882. Todavía está en construcción.

4 La Amazonía es el bosque tropical más grande del mundo. Se extiende por nueve países suramericanos y su extensión llega a los siete millones de kilómetros cuadrados.

1 멕시코 소치밀코에는 '인형의 섬'이라 불리는 섬이 있는데 그곳에는 나무에 매달린 인형들이 있다.

2 볼리비아 우유니 사막은 세계에서 가장 큰 소금 사막이다. 1월과 3월 사이에는 소금 사막이 구름을 비추어 하늘이 땅과 구분되지 않는다.

3 사그라다 파밀리아 성당은 안토니 가우디에 의해 설계되고 1882년에 건축하기 시작한 스페인 바르셀로나에 있는 가톨릭 대성당이다. 아직도 건축 중이다.

4 아마존 밀림은 세계에서 가장 큰 아열대 밀림이다. 9개의 남미 국가에 걸쳐 있으며 그 규모는 7백만 제곱킬로미터에 이른다.

LECCIÓN 4 ¿Cuándo nació usted?

Actividad 3

¡Hola! Me llamo Lourdes. Nací el 24 de junio de 1998. Mis padres y mi abuela me criaron con mucha dedicación y cariño. Durante mi adolescencia estuve en un grupo de baile del colegio tres años. Después del bachillerato trabajé un año en una empresa de importación. En ese tiempo conocí a mi novio Daniel. Actualmente estudio lenguas modernas en la Universidad Católica de Colombia. Quiero ser una gran profesional en lenguas modernas.

안녕! 나는 루르데스야. 1998년 6월 24일에 태어났어. 우리 우리 부모님과 할머니는 나를 많은 정성과 사랑으로 키우셨어. 청소년기에 3년 동안 학교 댄스 그룹에서 활동했어. 고등학교 졸업 후엔 1년 동안 한 수입 회사에서 일했어. 그때 내 남자 친구 다니엘을 알게 됐어. 현재 나는 콜롬비아 가톨릭 대학에서 현대어를 공부하고 있어. 나는 현대어에 대한 위대한 전문가가 되고 싶어.

Actividad 4

Muy Sres. míos:

Me llamo Yujin Kim y deseo presentar mi solicitud para el puesto de intérprete en su empresa. Como pueden ver en el currículum vitae adjunto, soy nativa de lengua coreana, me especialicé en español en la universidad y tengo el Diploma de Español como Lengua Extranjera (DELE) B2. También estuve un año en Estados Unidos como estudiante de intercambio. Por lo tanto, hablo español e inglés de forma correcta y tengo algo de conocimiento de alemán, ya que aprendí esa lengua durante tres años en la escuela secundaria. Además, hace unos meses obtuve unos certificados de programación informática.

Soy una persona muy organizada y responsable a la hora de desempeñar mi trabajo. También tengo una actitud abierta, sincera y respetuosa en mis relaciones interpersonales. Les agradezco mucho su atención y espero tener la oportunidad de conocerlos personalmente.

Atentamente,
Yujin Kim

Anexo: currículum vitae.

친애하는 여러분,

제 이름은 김유진이고 귀사의 통역 자리에 지원서를 제출하고자 합니다. 동봉한 이력서에서 보시는 것처럼 저는 한국인이고 대학교에서 스페인어를 전공했고 B2의 스페인어 자격증(델레)이 있습니다. 교환 학생으로 미국에도 일 년 있었습니다. 따라서 스페인어와 영어를 정확하게 구사하며 고등학교에서 3년간 독일어를 배워서 학교 문법 수준 정도로 독일어를 알고 있습니다. 게다가 몇 달 전에, 몇 개의 컴퓨터 프로그램 자격증도 취득했습니다.

저는 일을 실행하는 데 있어서 아주 치밀하고 책임감 있는 사람입니다. 또한 사람과의 관계에서 열려 있고, 신실하며 존중해 주는 태도를 지니고 있습니다. 많은 관심에 감사하며 직접 만나 뵐 기회가 있기를 바랍니다.

김유진 드림

첨부 파일: 이력서

Actividad 9

<El Che Guevara>

Che Guevara, cuyo verdadero nombre es Ernesto Guevara, nació en Rosario, Argentina, en 1928. En 1952 viajó en su motocicleta por América Latina, recorriendo Chile, Bolivia, Perú y Colombia. La película *Diarios de motocicleta* se basa en ese viaje.

En 1953, el Che terminó sus estudios de Medicina, y después se fue a Centroamérica, donde participó en la Revolución cubana.

En 1955 conoció a Fidel Castro en México. Desde entonces mantuvo amistad con él. Después del éxito de la Revolución cubana, recibió nacionalidad cubana con honores y fue nombrado comandante del ejército y ministro. En 1965 salió de Cuba para dedicarse a la lucha tanto en África como en Sudamérica. En 1967 fue capturado y asesinado luchando contra el gobierno boliviano.

〈체 게바라〉

본명이 에르네스토 게베라인 '체 게바라'는 1928년에 아르헨티나 로사리오에서 태어났다. 1952년에 칠레, 볼리비아, 페루, 콜롬비아를 돌면서 라틴 아메리카를 오토바이로 여행했다. 영화 '모터사이클 다이어리'는 그 여행을 기반으로 한다. 1953년에 체 게바라는 의학 공부를 마치고 그 후에 중앙아메리카로 가서 거기에서 쿠바 혁명에 참여했다.

1955년에 멕시코에서 피델 카스트로를 만나 알게 되었고, 그때부터 그와 친구 관계를 유지했다. 쿠바 혁명의 성공 후에는 명예 쿠바 시민권을 받았고 군 총사령관과 장관으로 임명되었다. 1965년에는 아프리카와 남아메리카에서의 전투에 헌신하기 위해 쿠바를 떠났다. 1967년 볼리비아 정부에 반대하여 싸우다 붙잡혀 사형당했다.

LECCIÓN 5 ¿Qué hacías cuando eras niña?

Actividad 3

Mi querida hija, Carolina. ¿Quieres saber cómo eras de bebé? Dependías totalmente de tu padre y de mí – no podías hacer nada tú sola. Tú pasabas los días sin preocupación: dormías mucho, comías muchísimo y llorabas con frecuencia. Tenías curiosidad por todo sobre tus alrededores. Tu padre y yo te tratábamos como una princesa. Tus abuelitos te cantaban. Tus tíos jugaban contigo, te hablaban y te vestían. En aquel tiempo, tú eras el centro del universo de nuestra familia.

내 사랑하는 딸 카롤리나야, 네가 아기였을 때 네가 어땠는지 알고 싶지? 너는 완전히 아빠하고 나한테 의지했단다. 너 혼자서는 아무것도 할 수 없었지. 너는 아무 걱정 없이 하루, 하루를 보냈단다. 잠도 많이 자고, 먹기도 많이 먹고, 자주 울기도 했었지. 네 주변의 모든 것에 호기심도 보였단다. 네 아빠와 나는 너를 공주처럼 대했지. 네 할머니, 할아버지는 네게 노래도 불러 주셨단다. 삼촌들은 너하고 놀아 주기도 하고, 말도 걸고, 옷도 입혀 주었지. 그 당시에 너는 우리 가족의 절대 중심이었단다.

Actividad 6

1 El señor Martínez estaba poniendo la mesa.
2 Carmen estaba chateando por el móvil.
3 Los señores Flores estaban durmiendo.
4 Inés estaba vistiéndose para salir.
5 La señora Ortiz estaba bañando a su bebé.
6 El portero estaba oyendo la radio.

1 마르티네스 씨는 상을 차리고 있었다.
2 카르멘은 휴대폰으로 채팅하고 있었다.
3 플로레스 씨 부부는 잠자고 있었다.
4 이네스는 외출하기 위해 옷을 입고 있었다.
5 오르티스 부인은 그녀의 아이를 목욕시키고 있었다.
6 경비 아저씨는 라디오를 듣고 있었다.

Actividad 10

Cuando yo tenía diez años, visité una granja con mis padres. Era una granja educativa dedicada a familiarizar a la gente con la naturaleza. A lo largo del día pudimos ver y alimentar conejos, ovejas, caballos y avestruces. Además, realizamos varias actividades al aire libre y participamos en algunos talleres educativos. En uno de ellos aprendimos a elaborar queso de oveja y en otro cocinamos pizza con el queso y verduras del campo. Pasamos un día en familia inolvidable en compañía de los animales de esa granja.

내가 열 살 때 부모님과 함께 어느 농장을 방문했다. 사람들이 자연과 친숙해질 수 있는 학습 농장이었다. 그날 하루 동안 우리는 토끼, 양, 말, 타조들을 보고 먹이를 주었다. 또한 다양한 야외 활동도 하였고 여러 교육 캠프에도 참여하였다. 캠프들 중의 한 곳에서 우리는 양젖으로 치즈를 만드는 법을 배웠고 또 다른 곳에서는 그 치즈와 밭에서 나는 채소로 피자를 만들기도 하였다. 우리 가족은 그 농장에서 동물들과 교감하며 잊을 수 없는 하루를 보냈다.

LECCIÓN 6 Esta ciudad fue construida por los incas

Actividad 1

1. Esta ciudad del Imperio inca fue edificada con grandes bloques de piedras.
2. Las estatuas de piedra de la Isla de Pascua fueron talladas por sus habitantes probablemente como representaciones de sus antepasados.
3. Esta ciudad de impresionantes pirámides ya estaba deshabitada cuando llegaron los aztecas.
4. Las islas son conocidas por los estudios de Charles Darwin, quien desarrolló su teoría de la evolución basada en la selección natural.

1. 이 잉카 제국의 도시는 커다란 돌로 된 블록들로 건축되었다.
2. 파스쿠아 섬(이스터 섬)의 석상은 거주민들이 아마도 자신들 조상의 형상들을 조각한 것이다.
3. 이 인상적인 피라미드의 도시들은 아즈텍인들이 도착했을 때 이미 아무도 살지 않는 상태였다.
4. 이 군도는 자연 선택에 기초한 진화론을 확립한 찰스 다윈의 연구로 유명하다.

Actividad 2

A ¡Hola! ¿Qué tal el viaje?

B Mal. Tuvimos un accidente al salir de la ciudad con el coche de alquiler.

A ¡Madre mía! ¿Y qué hicisteis?

B Como el coche no arrancaba, tuvimos que llamar una grúa. Perdimos mucho tiempo esperando en la carretera.

A Arreglasteis el coche y ya no tuvisteis más problemas, ¿verdad?

B ¡Qué va! En el camino de repente empezó a llover muchísimo y tuve que conducir con mucho cuidado. Por eso llegamos muy tarde al hotel.

A ¿Qué tal el hotel?

B Nos dieron una habitación horrible. No estaba limpia y tampoco funcionaba la calefacción.

A ¡Qué mal!

A 안녕! 여행은 어땠니?

B 안 좋았어. 렌트카를 타고 도시를 벗어나다가 교통사고가 났어.

A 이런! 그래서 뭐 했어?

B 차가 시동이 안 걸리니 견인차를 불렀지. 도로에서 기다리느라 많은 시간을 허비했어.

A 차를 고치고 다른 문제는 더 없었지, 그렇지?

B 천만에! 도중에 갑자기 비가 엄청 내리기 시작해서 난 매우 조심히 운전해야 했어. 그래서 우리는 호텔에 아주 늦게야 도착했어.

A 호텔은 어땠는데?

B 우리한테 끔찍한 방을 주었어. 깨끗하지도 않았고 난방도 안 되었어.

A 그것 참 안됐다!

Actividad 9

Policía ¿En qué puedo servirle, señor?

Fernando Vengo a denunciar un robo. Cuando regresé a casa, me encontré con las ventanas abiertas y enseguida supe que me habían robado.

Policía ¿Había cerrado usted bien las ventanas cuando se marchó de casa?

Fernando Claro que sí. Seguro que los ladrones las abrieron con un palo porque encontré uno debajo de una de las ventanas.

Policía ¿Cómo encontró la casa?

Fernando ¡Uf! Los ladrones habían revuelto todas las habitaciones y habían tirado todo al suelo.

Policía ¿Qué se llevaron?

Fernando Se me llevaron el ordenador portátil de última generación.

Policía ¿Sabe usted si alguien pudo ver a los ladrones?

Fernando No.

Policía Nosotros vamos a hacer todo lo posible para detener a los ladrones. Muchas gracias por su declaración.

Fernando Muchas gracias a usted.

경찰 무엇을 도와드릴까요, 선생님?

페르난도 도난 신고하러 왔습니다. 집에 돌아 왔을 때 창문이 열려 있는 것을 보고 우리 집에 도둑이 들어 왔다고 바로 생각했습니다.

경찰 집에서 나가셨을 때 창문은 잘 닫으셨습니까?

페르난도 당연하죠. 도둑이 긴 막대기로 창을 연 것이 확실해요. 왜냐하면 창문 밑에서 그걸 제가 발견했거든요.

경찰 집은 어땠습니까?

페르난도 아이고, 도둑이 모든 방을 뒤집어 놓았고 모든 걸 바닥에 내동댕이쳐 놨더라고요.

경찰 도둑이 무엇을 가져갔나요?

페르난도 제 최신식 노트북을 가져갔어요.

경찰 누군가가 도둑을 봤는지 혹시 아시나요?

페르난도 아니요.

경찰 저희가 도둑을 검거하기 위해 최선을 다하겠습니다. 신고해 주셔서 대단히 감사합니다.

페르난도 저도 감사합니다.

LECCIÓN 7 ¿Cómo será el mundo en el futuro?

Actividad 4

1 A ¿Qué vas a hacer el domingo?
B Voy a ir a la montaña para caminar y respirar aire fresco.

2 A ¿Qué harás este sábado?
B Iré a la casa de mi mejor amigo porque da una fiesta para celebrar su cumpleaños.

3 A ¿Quieres salir con nosotros mañana?
B Es que no puedo. Yo visitaré a mi abuela porque está ingresada en el hospital.

4 A ¿Qué harás en las próximas vacaciones?
B Yo trabajaré en un orfanato como voluntario.

1 A 너 일요일에 뭐 할 거니?
B 일요일에 걷기도 하고 맑은 공기도 마시러 산에 가려고 하는데.

2 A 너는 이번 주말에 뭐 할 거니?
B 나의 제일 친한 친구 생일이라 축하 파티를 열어서 그의 집에 갈 거야.

3 A 너 내일 우리와 같이 놀러 나갈래?
B 불가능한데 어쩌지. 할머니가 입원하셔서 할머니를 찾아 뵐 거야.

4 A 너 다음 방학에 뭐 할 거니?
B 고아원에서 자원 봉사자로 일할 거야.

Actividad 8

<La cuarta revolución industrial>

Ya estamos en la era de la cuarta revolución industrial. Se caracteriza por el uso generalizado de la inteligencia artificial (I.A.), las redes sociales, el almacenamiento en la nube, etc. Estos avances tecnológicos nos traerán tanto beneficios como amenazas.

Por un lado, los robots y la inteligencia artificial mejorarán nuestra calidad de vida, ya que se encargarán de muchas de nuestras tareas. Gracias a las redes digitales, uno podrá mantenerse en contacto con un gran número de personas de manera inmediata independientemente de su ubicación.

No obstante, la automatización probablemente destruirá muchos puestos de trabajo provocando un creciente desempleo. Por otra parte, seguramente no se podrá proteger nuestra privacidad, ya que la tecnología hará más fácil vigilarnos en todos los lugares, tanto públicos como privados.

Por lo tanto, muchas de las decisiones tomadas de hoy en adelante determinarán nuestro futuro y nuestro modo de vida.

〈4차 산업 혁명〉

이제 우리는 4차 산업 혁명 시대에 자리하고 있다. 이는 인공 지능, 소셜 네트워크 서비스(SNS), 클라우드 컴퓨팅 등의 상용화로 대변된다. 이러한 기술적 진보는 우리에게 편리함뿐만 아니라 우려되는 면도 가져올 것이다.

한편으로, 로봇이나 인공 지능이 우리의 많은 업무를 처리함으로써 우리의 삶의 질을 향상시킬 것이다. 디지털 네트워크 덕분에 자신의 위치와 상관 없이 즉각적으로 수많은 사람들과 소통할 수 있을 것이다.

하지만 자동화는 아마 많은 일자리를 없애고 실업을 증가시킬 것이다. 다른 한편, 분명히 우리의 프라이버시도 보호받지 못할 것이다. 왜냐하면 공적 장소나 사적 장소 모두에서 더 쉽게 우리를 감시할 수 있을 것이기 때문이다.

따라서 오늘날 그리고 가까운 미래에 내려진 결정은 우리의 미래와 삶의 방식을 결정지을 것이다.

LECCIÓN 8 Reciclen el aluminio, el vidrio y el plástico

Actividad 4

ⓐ No puedo dormir. Baje el volumen.
ⓑ Tienes mucha tos. Vete a consultar al médico.
ⓒ Esto es acoso sexual. No lo hagas.
ⓓ Dicen que el aire está muy contaminado. Ponte la mascarilla.
ⓔ Me molesta el humo. Apague el cigarrillo, por favor.
ⓕ No quiero discutir contigo. No me mientas más.

ⓐ 저 잠을 잘 수가 없어요. 소리 좀 줄여 주세요.
ⓑ 너 기침을 많이 하네. 병원에 가 봐.
ⓒ 이건 성희롱이야. 이거 하지 마.
ⓓ 대기 오염이 심각하다고 하네. 마스크를 착용해.
ⓔ 담배 연기가 괴롭습니다. 담뱃불 좀 꺼 주세요, 제발.
ⓕ 너하고 다투고 싶지 않아. 내게 더 이상 거짓말하지 마.

Actividad 7

Lucía ¡Hola! Me llamo Lucía Rodríguez. Mis amigos y yo estamos muy preocupados por la situación actual del medioambiente, y todos hacemos esfuerzos por no causar más daños. Por ejemplo, una cosa que hago yo es reciclar. Reciclo papel, latas y vidrio.

Fernando ¡Hola! Soy Fernando. Tengo un jardín detrás de mi casa. Estoy en contra de los insecticidas y, por eso, mi jardín es totalmente orgánico. Acabo con los insectos por medio de métodos naturales.

Emilia Buenos días, mi nombre es Emilia. Para cuidar el medioambiente, yo intento ahorrar electricidad. Tomo duchas rápidas y casi nunca pongo el aire acondicionado.

Roberto Hola. ¿Qué tal? Me llamo Roberto. Bueno, la única cosa que hago yo es tomar el autobús o el metro para ir a la universidad, en vez de conducir.

Belén Soy Belén, la mejor amiga de Lucía. Como a mí me preocupa mucho la contaminación, yo hago los siguientes: Primero, nunca compro productos químicos de limpieza. Además, uso un champú orgánico para eliminar las pulgas de mis mascotas.

루시아 안녕, 내 이름은 루시아 로드리게스야. 친구들과 나는 현재의 환경 상황에 대해 많은 우려를 하고 있어. 그래서 우리 모두는 더 많은 피해를 야기하지 않으려고 노력해. 예를 들어 내가 하는 것은 재활용이야. 종이, 캔, 유리를 재활용하지.

페르난도 안녕, 나는 페르난도야. 나의 집 뒤에 정원이 있어. 나는 살충제 사용에 반대하기 때문에 내 정원은 완전히 친환경이야. 벌레들을 자연 친화적인 방법으로 처리하지.

에밀리아 좋은 아침이야. 내 이름은 에밀리아야. 환경을 보존하기 위해 나는 어떻게든 전기를 아껴 쓰려고 노력해. 샤워도 빨리 하고 에어컨을 거의 안 틀어.

로베르토 안녕, 잘 지내지? 내 이름은 로베르토야. 환경 보호와 관련하여 내가 유일하게 하는 것은 학교 가기 위해 직접 운전하는 대신 버스나 지하철을 타는 거야.

벨렌 나는 루시아의 가장 친한 친구, 벨렌이야. 나는 생태 오염이 너무 걱정돼서 이렇게 해. 우선 화학성분이 함유된 청소 세제는 절대 구입하지 않아. 또한 애완동물한테 있는 벼룩을 없애기 위해서도 친환경 샴푸를 사용하지.

Actividad 9

<La convicción de los latinoamericanos acerca del cambio climático>

El Banco Interamericano de Desarrollo (BID) y el Latinobarómetro efectuaron un estudio sobre la conciencia social de los latinoamericanos acerca del cambio climático.

El 83% de la población de esta región piensa que el ser humano es responsable del cambio climático. Por otra parte, siete de cada diez habitantes consideran que deben tomarse medidas contra el cambio climático incluso a costa del crecimiento económico. Sin embargo, la actitud predominante en cada país hacia el medioambiente difiere notablemente según la experiencia en su entorno inmediato con la naturaleza.

Este estudio también indica que las posturas de América Latina son opuestas a la de Estados Unidos sobre este asunto, con su retirada del Acuerdo de París (2015), que es el primer pacto global para reducir las emisiones de gases de efecto invernadero.

〈기후 변화에 관한 중남미인의 확신〉

미주 개발은행과 라틴 바로미터는 기후 변화에 관한 중남미인의 사회적 인식에 대한 연구를 수행하였다.

지역 인구의 83%가 인간이 기후 변화에 책임이 있다고 생각한다. 다른 한편, 주민 10명 중 7명은 심지어 경제 성장을 희생하는 대가를 치르더라도 기후 변화에 대한 대책을 세워야 한다고 인식한다. 그렇지만 환경 문제에 대한 각 나라의 입장은 밀접한 주변 자연환경에서의 경험에 따라 다양하다.

해당 연구는 또한 이 문제에 관련한 중남미 국가들의 관점은 파리 협정(2015년)을 탈퇴한 미국과는 상충한다는 점을 알려준다. 파리 협정은 온실가스 배출량을 줄이기 위한 전 세계 최초의 합의안이었다.

Glosario | 색인

A

B

C

D

E

G

H

I

J

K

L

M

N

O

Q

R

S

T

U

MEMO

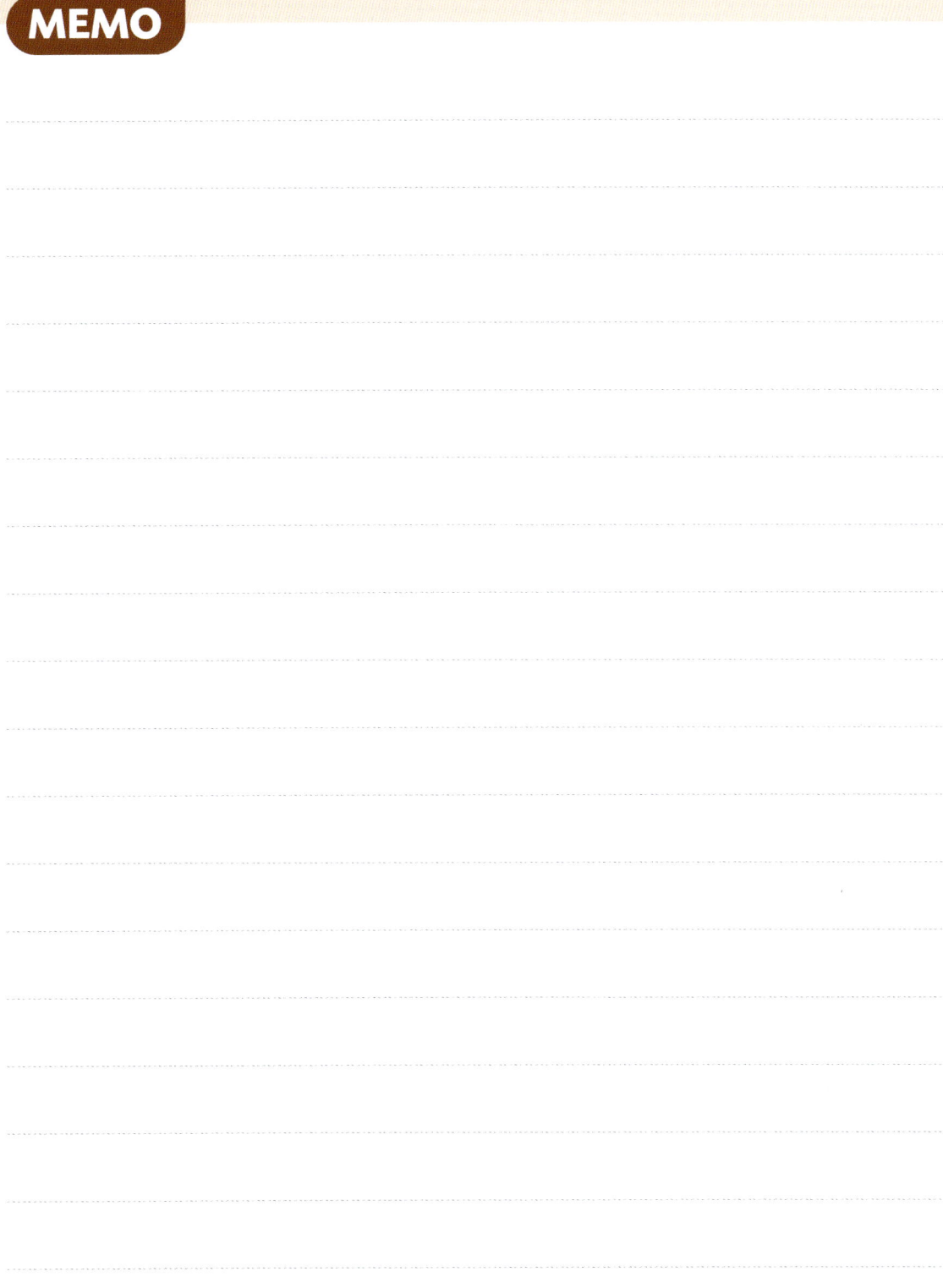

CURSO DE ESPAÑOL

Intermedio 2

지은이 양성혜, 정혜윤, 정인태, 신태식, 이재학
펴낸이 정규도
펴낸곳 (주)다락원

초판 1쇄 인쇄 2019년 8월 19일
초판 2쇄 발행 2022년 8월 22일

책임 편집 이숙희, 장지은
디자인 김교빈, 윤현주
일러스트 장덕현
감수 Roberto Vega Labanda
녹음 투식스미디어 (TooSix Media)

다락원 경기도 파주시 문발로 211, 10881
내용 문의 (02) 736-2031 (내선 420~426)
구입 문의 (02) 736-2031 (내선 250~252)
Fax (02) 738-1714
출판등록 1977년 9월 16일 제406-2008-000007호

값 18,000원 (본책 + MP3 무료 다운로드)

ISBN 978-89-277-3245-7 18770
978-89-277-3229-7 (set)

http://www.darakwon.co.kr

다락원 홈페이지를 방문하시면 상세한 출판 정보와 함께
MP3 자료 등 다양한 어학 정보를 얻으실 수 있습니다.